En français
dans le texte

Robert Dubuc

En français dans le texte

Préface de Nada Kerpan

2e édition

linguatech
éditeur inc.

Données de catalogage avant publication (Canada)

Dubuc, Robert, 1930-

En français dans le texte

2ᵉ éd.
Comprend des références bibliographiques et un index.
ISBN 2-920342-36-3
    1. Français (Langue) – Fautes – Dictionnaires. 2. Français (Langue) –
Emprunts anglais – Dictionnaires. 3. Français (Langue) – Problèmes et
exercices. I. Titre.

PC2420.D82 2000   448'.003   C00-900511-0

Du même auteur

Leméac-Radio-Canada

Vocabulaire de gestion, 1974
Vocabulaire bilingue du théâtre, 1979
Vocabulaire de la production télévision, 1982

Entreprises Radio-Canada

Vocabulaire bilingue de la gestion des salaires, 1987
Vocabulaire bilingue du droit d'auteur appliqué à l'audiovisuel, 1988
Vocabulaire bilingue pour l'amateur de disque compact, 1989

Linguatech

Vocabulaire bilingue de la publicité, 1991
Manuel pratique de terminologie, 3ᵉ éd., 1992
Une grammaire pour écrire, 1996

Révision linguistique : Claude Saint-Jean
Mise en page : Madeleine Bouvier
Maquette de la couverture : I HOP

© 2000 Linguatech éditeur inc.
C. P. 26026, succ. Normandie
Montréal (Québec) H3M 3E8

Dépôt légal : 2ᵉ trimestre 2000
Bibliothèque nationale du Québec
Bibliothèque nationale du Canada

TABLE DES MATIÈRES

AVANT-PROPOS
DE LA DEUXIÈME ÉDITION

Il était une fois un livre, *En français dans le texte*, qui connut, grâce au zèle de certains enseignants, un bon succès de vente, si bien qu'au bout de cinq ans le premier tirage était épuisé. Il fallait donc penser à prolonger ce succès par une nouvelle édition qui conserverait, certes, la structure initiale si bien accueillie par nos lecteurs, mais qui permettrait d'apporter certaines précisions sur des points particuliers touchant le traitement d'une vingtaine de rubriques. Les observations du sage Paul Horguelin seront mises à contribution, lui qui a pris la peine de lire et d'annoter la première édition.

Pour effacer les premières pattes-d'oie de l'ouvrage, il a fallu tenir compte de l'évolution de l'usage, notamment de l'inscription aux éditions récentes du *Petit Robert* de certains anglicismes qui ont gagné la mère-patrie du français et donner ainsi au lecteur la responsabilité de ses choix. Dans le même esprit, la rubrique **professionnel** a été retirée. Il apparaît de plus en plus difficile et peu profitable de maintenir l'ostracisme contre l'emploi de ce terme au sens de « membre d'une profession libérale ».

L'objectif du recueil reste le même : éradiquer les quelque 400 erreurs les plus courantes (anglicismes, barbarismes, impropriétés) qui grèvent notre français. Aussi plutôt que d'engraisser la nomenclature, nous avons opté, craignant la dilution des efforts, pour la concentration du tir sur les rubriques existantes.

Entre-temps, l'auteur consignera fidèlement dans son fichier toute demande d'ajout ou de modification que les lecteurs voudront bien lui faire, en s'adressant à l'éditeur. Une éventuelle troisième édition pourrait en tenir compte.

L'auteur

PRÉFACE

Est-ce du don quichottisme que de faire de l'écologie langagière? Est-ce peine perdue que de chercher à redresser la pratique du français alors que la planète parle anglais et que le savoir et la technique sont soumis à un mouvement intense et continu? Est-ce vieux genre que de se préoccuper de qualité de langue quand la France même se résout à une intervention linguistique officielle et que les entreprises, pourtant gourmandes de production, optent pour le processus complexe de qualité totale?

Chez les individus, il est même des sujets qui semblent avoir scellé un pacte d'action avec le français. Ils ont choisi d'être d'opiniâtres agents langagiers et de prendre en charge la qualité — ou serait-ce la fragilité? — linguistique de leur milieu. Non par vanité ou sujétion, non par facilité ou tradition, mais bien par réalisme, solidarité et pour une rentabilité réelle de la communication. Robert Dubuc est de ceux-là.

Préférant la passion à l'indifférence, l'action au laisser-faire ou au fatalisme, il ne cesse de partager, par ses publications ou par l'enseignement, ses connaissances et ses bonheurs linguistiques. Ainsi découvre-t-il à ses publics — le monde étudiant et les langagiers, entre autres — la vraie nature du français. Sa langue maternelle aurait été le chinois qu'il mènerait la même action.

Du français, c'est une vue globale et dynamique qu'il tient à transmettre. Globale par l'optique difficilement contestable de la francophonie, perspective qui intègre le cœur officiel et les caractéristiques régionales de la langue; globale aussi par l'attention portée non seulement au vocabulaire, mais aussi à la syntaxe et aux niveaux d'expression. Dynamique par l'objectif déclaré de communication et par la conscience d'une évolution naturelle ou imparable dans tout idiome.

En pédagogue-né et en être déterminé, cent fois il revient à son ouvrage. Après Objectif 200, *les très utiles fiches de son ère radio-canadienne et maints vocabulaires spécialisés, il continue d'observer, d'enseigner, de publier.*

En français dans le texte *sera indubitablement une référence obligée pour cette collectivité toujours française mais bien nord-américaine que nous sommes. Dans les profondeurs du XVIe siècle, Joachim du Bellay en est, sans nul doute, fort aise.*

Nada Kerpan,
terminologue

INTRODUCTION

Le présent ouvrage se veut clairement et nettement un instrument de correction du français parlé et écrit au Québec et au Canada. Nous l'avons intitulé *En français dans le texte* pour bien marquer que notre objectif est de favoriser l'utilisation d'un français correct dans nos communications écrites. Les linguistes, d'une façon générale, ne portent visiblement pas cet effort de correction en haute estime. Mais la loi du laissez-faire, laissez-passer qui s'est instaurée nous a conduits au seuil de la faillite intellectuelle.

Les étudiants des 2e et 3e cycles sont souvent incapables de rédiger thèses ou mémoires dans une langue intelligible. Les ingénieurs et autres professionnels libéraux s'empêtrent dans les difficultés de rédaction de rapports, rendus illisibles, faute d'un minimum de correction linguistique. Les entreprises s'arrachent moralement les cheveux devant l'impossibilité où elles se trouvent d'assurer en leur sein une communication écrite d'une efficacité minimale. Cette situation atteste que ni l'image, ni la télévision, ni l'informatique ne peuvent remplacer dans une société évoluée le maniement correct de la langue écrite. Les constats des enquêtes récentes menées pour le compte du ministère de l'Éducation du Québec le confirment amplement. Il faut donc donner un vigoureux coup de barre.

Ce modeste ouvrage n'a pas la prétention de redresser à lui seul une situation qui va exiger des moyens autrement puissants. S'il n'a pas l'ambition de tout reconstruire l'édifice, il se propose fermement d'y apporter quelques pierres.

Les bons dictionnaires correctifs du français ne manquent pas. Il convient en particulier de mentionner l'excellent ouvrage de Marie-Éva de Villers, le *Multidictionnaire*, qui répond pour l'essentiel à la quasi-totalité des difficultés que pose le maniement du français chez nous. Notre objectif n'est pas d'ajouter aux ouvrages de référence existants. Nous avons plutôt voulu faire d'*En français dans le texte* un outil d'apprentissage et non de consultation. Pour éviter les erreurs que nous commettons, il faut pouvoir d'abord les identifier, en connaître la nature et la portée et ensuite leur substituer les expressions et tournures correctes. C'est à cet apprentissage que nous convions nos lecteurs.

L'ouvrage, pour des raisons de commodité, se présente sous la forme d'un lexique où les erreurs sont répertoriées par ordre alphabétique. Chaque erreur étudiée fait l'objet d'un article qui comprend en vedette l'expression fautive, accompagnée d'un pictogramme ☞ qui symbolise l'incorrection. Lui fait face l'expression correcte qui doit la remplacer, accompagnée d'un pictogramme ☼ symbole de correction. Vient ensuite, introduite par le pictogramme d'explication ▬, la définition de l'expression fautive, suivie de l'explication de la nature de la faute et de son redressement, étoffée d'exemples au besoin. Un quatrième pictogramme ☞ présente, le cas échéant, le sens correct de l'expression employée incorrectement.

La mention *Voir* qui suit une entrée adresse le lecteur à la rubrique principale où cette entrée est traitée. À la fin de l'article figure au besoin le renvoi à un article complémentaire (notion connexe, expression parallèle, etc.) indiqué par *V. aussi.* Suivent enfin les codes-symboles désignant le type d'erreur représenté par la faute étudiée : *ANG* (pour anglicisme), *ARC* (pour archaïsme), *COC* (pour mauvaise cooccurrence, c'est-à-dire une dérogation aux formulations habituelles en français), *IMP* (pour impropriété), *REG* (pour usage régional particulier au Québec ou au Canada) et *SYN* (pour erreur de syntaxe). Une même faute peut appartenir à deux ou trois catégories différentes; le cas échéant, les codes sont juxtaposés.

À l'intention de nos amis traducteurs, nous avons ajouté à l'ouvrage un lexique des mots et locutions de langue anglaise, sources d'anglicismes. Chaque entrée est accompagnée de son équivalent français correct ainsi que d'un renvoi à la rubrique où l'expression est traitée. Nous espérons ainsi leur être d'une plus grande utilité.

Les fautes traitées dans le présent ouvrage ont été choisies parmi les plus couramment relevées dans les médias écrits ou parlés au Québec. L'auteur ayant passé la majeure partie de sa vie professionnelle dans ce milieu, il en connaît bien les carences. Parce qu'elles sont courantes, ces fautes passent pour correctes, ce qui les rend d'autant plus néfastes pour la clarté du message à communiquer. Il faut donc identifier ces « brebis galeuses », reconnaître en quoi elles pèchent contre la norme et comment on les corrige. Les exercices de la deuxième partie visent justement à faciliter l'assimilation de ces connaissances.

Parmi les fautes traitées se trouve un nombre considérable d'**anglicismes**. Le voisinage constant de la langue anglaise dans tous les secteurs d'activité chez nous constitue un facteur important d'influence dans l'évolution de nos habitudes de langue. Peut-être serait-il bon de préciser ce qu'on entend par *anglicisme*. Sont considérés comme anglicismes les emprunts de forme qui font double emploi avec des mots français existants, par exemple *shift* pour poste, *walkman* pour baladeur, *membership* pour effectif.

À ces emprunts de forme s'ajoutent des emprunts de sens. Ce sont ce qu'on appelle les faux amis, qui donnent à un mot français le sens d'un mot anglais de forme analogue. Ainsi l'adjectif *versatile*, qui signifie en français changeant, instable, acquiert-il, sous l'influence de l'adjectif anglais correspondant, le sens mélioratif de polyvalent, qui a des talents variés. Souvent les linguistes se montrent accueillants à ce type d'emprunts parce qu'ils s'intègrent facilement dans la langue emprunteuse. Dans une situation de langues en contact, cet avantage peut devenir le cheval de Troie de l'assimilation. Le maintien de l'intégrité du français au Québec et au Canada exige des locuteurs francophones la plus grande vigilance à cet égard.

Un troisième type d'anglicismes nous vient de l'imitation des structures syntaxiques anglaises. Des expressions comme « la troisième plus grande ville », « les derniers six mois », quoique fréquentes, reflètent des structures étrangères à l'ordre des mots en français. L'emploi des prépositions est particulièrement soumis au mimétisme des constructions anglaises. L'utilisation de *sur* dans les contextes suivants : « siéger sur un comité », « travailler sur semaine », « monter sur l'avion » (pour y prendre place) est attribuable à l'influence de la syntaxe anglaise.

Les **impropriétés** forment le deuxième type d'erreurs le plus fréquemment relevées. Il y a impropriété lorsqu'on donne à un mot français un sens qui ne lui est pas généralement reconnu par les grands dictionnaires d'usage du français. Plusieurs de ces impropriétés sont dues à l'anglais, d'autres sont nées sur notre sol, comme l'emploi de *couvert* au sens de couvercle ou de housse. Certaines de ces impropriétés appartiennent, en outre, à des usages tombés en désuétude dans la francophonie, mais restés vivants au Québec ou au Canada. Pensons à « couverte » au sens de couverture, à « brûlement » pour brûlure et à « renverser un jugement » pour invalider un jugement.

Enfin vu qu'une langue est constituée, comme le disait si bien Jean-Marie Laurence, notre premier véritable grammairien, d'un réseau d'habitudes, il nous est apparu important de signaler les tournures et les associations de mots qui ne sont pas naturelles au français. Par exemple, même si l'expression « levée de fonds » pourrait être théoriquement orthodoxe puisque les mots composants y conservent leur sens correct en français, elle devient parasitaire parce que le français a l'habitude de désigner la même notion par *campagne de souscription*. Il en est de même pour « payeur de taxes » et *contribuable*. Ce sont ces écarts que nous avons étiquetés *COC*, pour **erreur de cooccurrence**.

L'orientation de ce travail suppose la référence à une norme générale implicite qui permet la transparence de la communication entre tous les parlants français. Cette norme, pour le lexique, est véhiculée par les grands dictionnaires français auxquels on se réfère universellement pour connaître le sens des mots et, pour la morphologie et la syntaxe, par *Le Bon Usage*, de Maurice Grevisse. Nous n'abordons pas, sauf d'une façon très incidente, les questions de phonétique et de prononciation. La même norme devrait les régir. La référence pourrait être alors le *Dictionnaire de la prononciation française dans sa norme actuelle,* de Léon Warnant.

Nous envisageons ici le français non pas comme simple moyen d'expression, mais bien comme un outil de communication qui doit permettre la transmission claire d'un message de l'émetteur vers le récepteur. C'est pourquoi notre corpus de dépouillement a été principalement axé sur l'usage des médias dont la fonction essentielle est de communiquer. Or, communiquer ne devient vraiment possible que si récepteurs et émetteurs souscrivent aux mêmes normes et conventions. Avec la mondialisation des marchés et des communications, le respect d'une norme commune dans les communications écrites devient impérieux. Il est clair, toutefois, que le français d'ici génère aussi sa propre norme. Il ne peut y avoir identité complète entre le français utilisé en France et le français que nous employons. Il y a des réalités qui nous sont propres, qu'il nous faut nommer avec les ressources langagières dont nous disposons. Cette coexistence ne pose pas de problème pour autant que nous restions dans les virtualités du français, que nos particularismes ne fassent pas violence aux habitudes générales des parlants français et qu'ils conservent une certaine intelligibilité pour les locuteurs de l'extérieur. Ce qu'il importe d'éviter, c'est la « dialectalisation » du français d'ici. La séparation de notre langue du tronc français ne pourrait être qu'un facteur d'anémie et d'isolement.

Cette prise de position ne vise pas l'utilisation « esthétique » de la langue. Les créateurs littéraires ont toute liberté quant au choix de leurs moyens d'expression. Nous ne pouvons avoir la même marge de liberté dans les communications fonctionnelles. Une dépêche, une lettre d'affaires, un mode d'emploi ne peuvent se rédiger dans le style affectif que connote l'utilisation de la langue populaire. Le respect de la norme s'impose si l'on veut être pleinement compris.

Le présent ouvrage se veut un appel à la rigueur. Il souligne la nécessité de donner aux mots le sens que leur donne la grande majorité des usagers de la langue. Il proclame que l'utilisation d'une langue implique le respect de ses habitudes et de ses usages auxquels font violence les emprunts indus.

Ceux qui prônent une norme interne de la langue québécoise, sans référence au fonds français, allèguent, pour justifier leur point de vue, la nécessité d'être fidèle à ce qu'on est. Cette fidélité irait-elle jusqu'à interdire le droit à l'amélioration? Enrichir ses moyens langagiers, resserrer l'utilisation de son vocabulaire et de sa syntaxe, se donner les moyens d'une communication élargie et efficace, est-ce vraiment se trahir? Notre situation linguistique est précaire. Nous sommes en Amérique du Nord une poignée de 6 millions de locuteurs, noyés parmi 250 millions d'anglophones qui ont l'initiative dans la plupart des domaines culturels et techniques. L'influence prépondérante qui s'exerce sur l'évolution de notre langue est bien celle de la langue anglaise qui fait que nous sommes de toutes les communautés francophones celle dont la langue s'écarte le plus du français commun. Ce serait se leurrer dangereusement que d'ériger en modèles les interférences linguistiques attribuables à la présence de la langue anglaise. En considérant comme correctes des expressions comme « sauver de l'argent » (*to save money*), « mettre l'emphase sur » (*to put the emphasis on*), « avoir les bleus » (*to have got the blues*), nous prenons l'anglais pour norme : il ne s'agit plus alors d'une norme interne.

L'avenir du français au Québec et au Canada, compte tenu du contexte démographique et économique, ne peut dépendre que de son appartenance au tronc commun du français, langue de la francophonie. Il n'est pas question d'éliminer de notre langue tout particularisme, mais il importe de filtrer les facteurs d'opacification que sont les impropriétés, les emprunts abusifs et les entorses à la syntaxe. Arriver au point où il ne nous serait plus possible de comprendre les autres francophones ni d'en être compris aurait les conséquences les plus néfastes. Notre isolement nous rendrait particulièrement vulnérables aux forces assimilatrices qui ne peuvent manquer de s'exercer dans un contexte comme le nôtre.

Notre rattachement à la francophonie est notre planche de salut. La scier par narcissisme serait un très mauvais calcul. Contrairement aux hispanophones et aux lusophones d'Amérique, nous n'avons pas le poids démographique qui nous permettrait de résister fructueusement aux poussées assimilatrices qu'exerce la langue anglaise en raison de la position de force qu'elle occupe sur notre continent. Il nous reste donc à bien connaître notre langue, le français, à en éliminer ce qui la gauchit ou l'appauvrit et à retrouver en elle un excellent outil d'expression et de communication. Le présent ouvrage veut nous aider à y parvenir.

L'auteur

TABLE DES SYMBOLES UTILISÉS

Explication des pictogrammes

 signale un usage fautif.

introduit la correction d'un usage fautif.

introduit une définition de l'expression en rubrique ainsi que l'explication de la nature de la faute et de sa correction.

introduit le sens correct d'une impropriété.

Renvois

Voir   renvoie à une rubrique principale.

V. aussi renvoie à une expression connexe.

Catégories des usages fautifs

ANG   (pour anglicisme) recouvre les emprunts abusifs à l'anglais, les sens anglais donnés à des mots français et les calques morphologiques et syntaxiques.

ARC   (pour archaïsme) recouvre mots et expressions sortis de l'usage du français général.

COC   (pour mauvaise cooccurrence) recouvre les expressions formées de mots dont l'association n'est pas naturelle au français.

IMP   (pour impropriété) recouvre les mots et expressions employés dans un sens autre que celui qui leur est reconnu en français.

REG   (pour régionalisme) recouvre les mots et expressions dont l'usage est particulier au Québec et au Canada.

SYN   (pour erreur de syntaxe) recouvre les tournures qui ne respectent pas la syntaxe du français.

RÉPERTOIRE DES EXPRESSIONS FAUTIVES

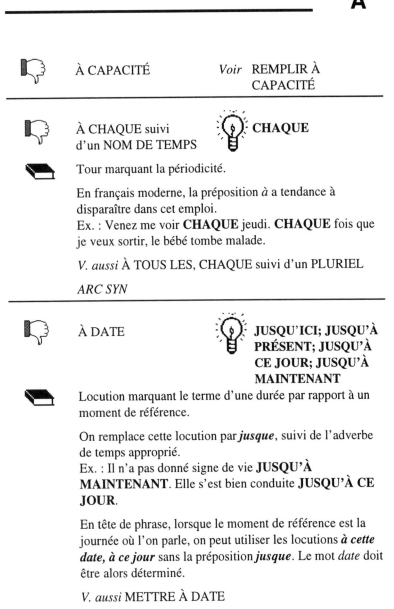

👎 À CAPACITÉ   *Voir* REMPLIR À CAPACITÉ

👎 À CHAQUE suivi   💡 **CHAQUE**
d'un NOM DE TEMPS

📖 Tour marquant la périodicité.

En français moderne, la préposition *à* a tendance à
disparaître dans cet emploi.
Ex. : Venez me voir **CHAQUE** jeudi. **CHAQUE** fois que
je veux sortir, le bébé tombe malade.

V. aussi À TOUS LES, CHAQUE suivi d'un PLURIEL

ARC SYN

👎 À DATE   💡 **JUSQU'ICI; JUSQU'À**
PRÉSENT; JUSQU'À
CE JOUR; JUSQU'À
MAINTENANT

📖 Locution marquant le terme d'une durée par rapport à un
moment de référence.

On remplace cette locution par *jusque*, suivi de l'adverbe
de temps approprié.
Ex. : Il n'a pas donné signe de vie **JUSQU'À**
MAINTENANT. Elle s'est bien conduite **JUSQU'À CE**
JOUR.

En tête de phrase, lorsque le moment de référence est la
journée où l'on parle, on peut utiliser les locutions *à cette*
date, à ce jour sans la préposition *jusque*. Le mot *date* doit
être alors déterminé.

V. aussi METTRE À DATE

SYN ANG

2

À L'EFFET QUE

 QUE; SELON suivi
d'un RELATIF

Locution introduisant une complétive du nom.

Calque syntaxique de l'anglais *to the effect that*.
Reconstruire l'énoncé en remplaçant « à l'effet que » par
que.
Ex. : La nouvelle **QU'**il était malade m'a bouleversé.

On peut aussi recourir à *selon* suivi d'un relatif.
Ex. : La déclaration du ministre **SELON LAQUELLE**
l'environnement aurait à souffrir de cette initiative a été
contestée par l'Opposition.

Parfois un simple complément déterminatif suffit.
Ex. : La nouvelle de sa maladie...

SYN ANG

À L'EMPLOI DE

 TRAVAILLER POUR

Locution marquant qu'une personne travaille pour une
autre, physique ou morale.

« À l'emploi de » ne peut être attesté en français général. Il
faut donc considérer cette locution comme régionale.
Elle peut se remplacer dans la phrase par le verbe *travailler*
suivi de la préposition *pour*.
Ex. : **TRAVAILLANT POUR** cette entreprise depuis
vingt ans, il la connaît très bien. Vous **TRAVAILLEZ
POUR** moi depuis nombre d'années.

V. aussi ÊTRE À L'EMPLOI DE

REG

À SON MEILLEUR **À SON POINT DE PERFECTION; À SON APOGÉE; À POINT**

 Se dit de choses qui atteignent leur point de perfection.

On aura reconnu ici le calque de l'expression anglaise *at one's best*. On lui substituera l'une ou l'autre des solutions proposées.

Ex. : Il faut cueillir les raisins lorsqu'ils sont mûris **À POINT**. Sa carrière de pianiste est **À SON APOGÉE**. La sculpture de Marcel a touché en 1980 **À SON POINT DE PERFECTION**.

V. aussi ÊTRE À SON MEILLEUR

SYN ANG

 À TOUS LES **TOUS LES**

 Tournure marquant la répétition périodique de quelque chose.

L'emploi de la préposition *à* devant *tous* est vieilli. Le français moderne supprime la préposition.

Ex. : Venez me voir **TOUS LES** jeudis. **TOUS LES** jours, il se rendait au centre commercial.

V. aussi À CHAQUE suivi d'un nom de temps, CHAQUE suivi d'un PLURIEL

ARC SYN

 À TOUTES FINS PRATIQUES **EN PRATIQUE; EN RÉALITÉ; PRATI-QUEMENT**

Compte tenu de la réalité concrète.

Anglicisme inspiré par *for all practical purposes*. Le remplacer par les expressions françaises proposées.

Ex. : Ce contrat semble avoir une portée très large, mais **EN PRATIQUE** il ne s'applique qu'à quelques cas.

V. aussi À TOUTES FINS UTILES

ANG

4

 À TOUTES FINS UTILES    EN PRATIQUE; EN RÉALITÉ

 Compte tenu de la réalité concrète.

Cette locution n'a pas ce sens. Éviter de l'employer ainsi.

V. aussi À TOUTES FINS PRATIQUES

IMP

 À TOUTES FINS UTILES : Au besoin, en cas de besoin.
Ex. : Je vous envoie ce texte à toutes fins utiles.

 ABREUVOIR    FONTAINE

 Installation munie d'un robinet commandant un jet d'eau, pour qu'on puisse y boire.

L'installation réservée aux humains s'appelle *fontaine*. On évitera donc de confondre les deux termes.

IMP

 ABREUVOIR : Installation servant à faire boire les animaux.

ABUS SEXUEL    AGRESSION SEXUELLE

Délit par lequel on impose un contact sexuel à quelqu'un.

Il ne faut pas rendre *sexual abuse* par « abus sexuel », mais par *agression sexuelle*.
Ex. : Bien des femmes se disent victimes d'**AGRESSIONS SEXUELLES** dans leur milieu de travail.

ANG IMP

 ABUS : Consommation excessive.
Ex. : L'abus de l'alcool.

ACADÉMIQUE  **SCOLAIRE; UNIVER-SITAIRE**

 Relatif aux écoles, à l'enseignement, plus spécialement à l'université.

Anglicisme. À remplacer par *scolaire* ou ***universitaire***, selon le cas.
Ex. : L'année **SCOLAIRE** se termine le 23 juin. Les travaux **SCOLAIRES** sont un moyen important d'apprentissage. Il a reçu une bonne formation **UNIVERSITAIRE**.

V. aussi LIBERTÉ ACADÉMIQUE, PERSONNEL ACADÉMIQUE

IMP ANG

 ACADÉMIQUE : Qui suit étroitement les règles; relatif à une académie.

 ACCOMMODATION  **HÉBERGEMENT; INSTALLATIONS HÔTELIÈRES**

Installations permettant de loger et de nourrir les voyageurs.

L'emploi d'*accommodation* en ce sens vient de l'anglais. Le mot ***hébergement*** désigne l'action de loger et, par extension, de nourrir. Ainsi, dans le vocabulaire du tourisme, on parlera de la capacité d'hébergement d'une région ou d'une ville. Dans un sens plus concret, le terme ***installations hôtelières*** peut s'utiliser.
Ex. : Ce centre touristique possède de splendides **INSTALLATIONS HÔTELIÈRES**.

IMP ANG

ACCOMMODATION : Action de s'adapter aux circonstances, aux personnes.
Ex. : L'accommodation du jeune enfant à son entourage.

6

 ACCOMMODER (1)   **RECEVOIR; LOGER; ACCUEILLIR; SERVIR**

 En parlant d'un établissement hôtelier, loger, abriter; en parlant d'une salle, contenir; en parlant d'un restaurant, servir.

L'emploi d'*accommoder* en ce sens n'est pas reçu en français. On lui substituera, notamment, les verbes **recevoir, accueillir**.
Ex. : L'hôtel peut **RECEVOIR/LOGER** deux cents voyageurs. Ce restaurant peut **ACCUEILLIR/SERVIR** cent convives à la fois.

IMP ANG

 ACCOMMODER : Adapter.

 ACCOMMODER (2)   **RENDRE SERVICE; ÊTRE UTILE**

Répondre incidemment aux besoins de quelqu'un.

L'emploi d'*accommoder* en ce sens est impropre. La locution verbale **rendre service** peut souvent remplacer ce verbe.
Ex. : Vous avez besoin d'argent? Puis-je vous **RENDRE SERVICE**?

IMP ANG

ACHALANDAGE 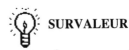 **SURVALEUR**

 Supplément de valeur d'une entreprise, par rapport à son actif net, attribuable à divers éléments difficilement quantifiables : réputation, compétence des dirigeants, caractère stratégique de l'emplacement, clientèle acquise, etc.

Pour rendre la notion de *goodwill* en français, au Canada, on utilise généralement *achalandage*. Cet usage offre l'inconvénient de donner au tout le nom d'un de ses éléments, ce qui risque de donner prise à de sérieuses ambiguïtés. Il serait donc préférable de lui substituer le terme *survaleur*, qui a d'ailleurs fait l'objet d'une recommandation officielle de la Commission du ministère des Finances sur la terminologie (France).
Ex. : La **SURVALEUR** de cette entreprise tient à son achalandage.

IMP REG

 ACHALANDAGE : Clientèle attirée par l'emplacement d'un commerce.

 ADMINISTRATION   **GOUVERNEMENT**

En politique, pouvoir exécutif.

En français, le mot *administration* ne désigne pas le pouvoir qui gouverne un État ou une province. C'est le terme *gouvernement* qui convient pour désigner cette notion.
Ex. : Les cent jours du **GOUVERNEMENT** Clinton.

IMP

ADMINISTRATION : Fonction publique.

8

 ADMISSION  **ENTRÉE**

 Accès à un spectacle, à un lieu.

L'anglais *admission* a souvent le sens d'entrée. Se méfier de cette confusion. *No admission* se rend par **entrée interdite**. Pour un spectacle, on parle du prix d'entrée et non du « prix d'admission ».

IMP ANG

 ADMISSION : Action de recevoir, de laisser entrer.
Ex. : Son admission à la Société des auteurs.

 ADRESSER
L'AUDITOIRE

 **S'ADRESSER À
L'AUDITOIRE;
ADRESSER LA
PAROLE À
L'AUDITOIRE**

 Parler à un public.

Anglicisme syntaxique. Rétablir la structure usuelle en français : verbe pronominal introduisant son complément d'objet indirect par la préposition *à* ou recourir à la locution verbale *adresser la parole* avec la même construction.
Ex. : Le député **S'EST ADRESSÉ À L'AUDITOIRE** pour exposer son point de vue. La présidente **A ADRESSÉ LA PAROLE À L'AUDITOIRE**.

V. aussi ADRESSER LA PAROLE

SYN ANG

 ADRESSER : Envoyer à l'intention de quelqu'un.

ADRESSER
LA PAROLE

 **PRENDRE LA
PAROLE**

 Intervenir oralement dans une réunion, une assemblée.

Adresser la parole exige toujours un complément d'objet indirect.
Ex. : Il a adressé la parole à l'assemblée.

La locution **prendre la parole** s'emploie absolument.
Ex. : Au moment où il **PRENAIT LA PAROLE**, l'assemblée l'a hué.

Ne pas confondre ces deux tours.

V. aussi ADRESSER L'AUDITOIRE

SYN

 ADRESSER UN
PROBLÈME

 **S'ATTAQUER À
UN PROBLÈME**

Prendre des mesures pour résoudre un problème.

Anglicisme. *Adresser* n'a pas ce sens en français. On lui substituera *s'attaquer à*.
Ex. : Le ministre veut **S'ATTAQUER AU PROBLÈME** du chômage.

On trouve aussi la forme pronominale « s'adresser à un problème », qui exige la même correction.

ANG IMP

 ADRESSER : Destiner à quelqu'un.

 AGENDA

 **ORDRE DU JOUR**

Liste des questions à étudier au cours d'une réunion.

Agenda n'a pas ce sens. Il faut le remplacer par *ordre du jour*.

IMP ANG

 AGENDA : Cahier où l'on consigne son emploi du temps. Prononcez aginda.

AGRESSIF

  **DYNAMIQUE;
ÉNERGIQUE;
ENTREPRENANT**

  Qui a de l'élan, de l'initiative.

Ce sens appartient à l'origine à l'adjectif anglais *aggressive*. En français, l'adjectif *agressif* ne se prend pas généralement en bonne part. Le remplacer dans ce cas par les équivalents proposés ci-dessus. Cet anglicisme est consigné dans le *Robert*.

Ex. : C'est un vendeur **DYNAMIQUE**. Monique est **ÉNERGIQUE** : elle a donné une impulsion nouvelle à son service. On demande jeune homme **ENTREPRENANT** pour lancer une entreprise.

IMP ANG

  AGRESSIF : Menaçant, violent, qui cherche la lutte.

  ALLER EN APPEL

 **INTERJETER APPEL;
EN APPELER**

Faire appel d'un jugement à une juridiction supérieure.

« Aller en appel » n'est pas une expression reçue en français. On la remplacera par *interjeter appel, en appeler, se pourvoir en appel*.

Ex. : L'avocat de l'accusé n'a pas l'intention d'**INTERJETER APPEL**. Mercier, lui, veut **EN APPELER**.

V. aussi LOGER UN APPEL

COC

ALLER SOUS PRESSE

 **METTRE SOUS PRESSE**

Commencer à imprimer.

L'expression consacrée est *mettre sous presse*.

Ex. : La nouvelle est arrivée au moment où nous **METTIONS SOUS PRESSE**.

IMP COC

ALORS QUE  **LORSQUE;
AU MOMENT OÙ**

 Tour marquant la simultanéité des événements.

Au sens temporel, pour marquer la simultanéité, cette locution conjonctive est vieillie. Il serait préférable de la remplacer par *lorsque, au moment où*.

Dans la langue des informations, on emploie souvent *alors que* pour marquer un rapport de temps, doublé d'un rapport de cause. Il serait préférable de tourner la phrase autrement. Ex. : Deux personnes ont été tuées, leur voiture ayant percuté (et non « alors que leur voiture a percuté ») un arbre. Soyez avec nous la semaine prochaine, nous vous présenterons alors...

SYN

 ALORS QUE : Locution qui marque surtout l'opposition, de nos jours.
Ex. : Alors que tu t'amuses, moi je travaille d'arrache-pied.

 ALTÉRATION  **RÉFECTION;
RÉNOVATION**

 Transformation d'un immeuble soit pour le moderniser, soit pour l'adapter à une nouvelle destination.

Altération, contrairement à son sosie anglais, a un sens péjoratif en français. Dans le sens précisé ci-dessus, on lui substituera *réfection, rénovation*.
Ex. : La boutique est fermée durant la **RÉNOVATION** (et non « les altérations »). On procède ces jours-ci à des **RÉFECTIONS**. Nous prions notre clientèle de nous excuser des inconvénients que ces travaux pourront lui occasionner.

IMP ANG

 ALTÉRATION : Diminution de qualité.

12

ALTÉRATIONS    **RETOUCHES**

Modifications apportées à un vêtement pour le rendre plus seyant.

Dans le domaine de la couture, le terme anglais *alteration* se rend par *retouche*, utilisé le plus souvent au pluriel.
Ex. : Pantalons en solde à 25 $, **RETOUCHES** comprises.

IMP ANG

ALTERNATIVE    **CHOIX; POSSIBILITÉ; SOLUTION DE RECHANGE**

 Solution unique de remplacement.

L'emploi d'*alternative* au sens anglais de simple possibilité est de plus en plus courant. Le *Nouveau Petit Robert* le consigne en précisant qu'il s'agit d'un emploi critiqué. Si l'on tient à éviter cet usage, on remplacera *alternative* par les mots suggérés plus haut.
Ex. : Il m'a fallu le congédier, je n'avais pas d'autre **CHOIX/POSSIBILITÉ/SOLUTION**.

IMP ANG

 ALTERNATIVE : Situation dans laquelle deux solutions sont possibles.

 AMÉLIORATIONS LOCALES    **TRAVAUX DE VOIRIE**

Travaux d'aménagement des rues comprenant notamment trottoirs, revêtements, services d'eau et d'égouts.

Calque de l'anglais *local improvements*. L'expression *travaux de voirie* a plus d'extension, mais son emploi ne pose pas de difficultés particulières.
Ex. : La ville perçoit un impôt spécial pour les **TRAVAUX DE VOIRIE**.

ANG

ANNÉE DE
CALENDRIER

 **ANNÉE CIVILE**

 Période de 365 jours qui s'étend du 1ᵉʳ janvier au
31 décembre.

« Année de calendrier » semble un calque de *calendar
year*. On remplacera cette expression par **année civile**.
Ex. : L'exercice d'une entreprise ne correspond pas
nécessairement à l'**ANNÉE CIVILE**.

V. aussi MOIS DE CALENDRIER, SEMAINE DE
CALENDRIER

ANG COC

 ANNÉE FISCALE

 **EXERCICE; ANNÉE
FINANCIÈRE**

 Période de douze mois au terme de laquelle une entreprise
procède à la fermeture de ses livres et à l'établissement de
ses états financiers.

Calque de l'anglais *fiscal year*. En gestion, on remplace
« année fiscale » par **exercice**. Dans la langue de
l'administration, on préfère **année financière**.

ANG

FISCAL : Relatif au fisc, aux impôts.

ANXIEUX

 **DÉSIREUX;
IMPATIENT**

Traditionnellement, l'adjectif *anxieux* était lié à un état
d'angoisse. Sous l'influence de l'anglais, il a pris un sens
allégé.

Anxieux au sens de désireux, impatient est aujourd'hui
passé dans l'usage. Ceux qui répugnent à cette extension de
sens peuvent toujours s'en tenir au sens traditionnel et
employer **désireux, impatient de** pour exprimer un état
d'attente vive.

ANG

APPEL

Voir ALLER EN APPEL;
LOGER UN APPEL

 APPELER UNE
RÉUNION

 **CONVOQUER UNE
RÉUNION**

 Inviter à tenir une réunion.

Anglicisme, de *to call a meeting*. L'usage a imposé
convoquer dans cet emploi.
Ex. : Le président a **CONVOQUÉ UNE RÉUNION**
pour 10 h.

ANG

 APPLICATION

 **DEMANDE
D'EMPLOI**

 Présentation de sa candidature à un poste; formule utilisée à
cette fin.

Ce sens du mot *application* est propre à l'anglais. En
français, on ne fait pas application, mais on fait une
demande d'emploi, on postule un emploi, on pose sa
candidature à un emploi.
Ex. : Faire une **DEMANDE D'EMPLOI** à la fonction
publique. Remplir une **DEMANDE D'EMPLOI**.

IMP ANG

 APPLICATION : Action de mettre une chose sur une
autre.

APRÈS QUE suivi du SUBJONCTIF

APRÈS QUE suivi de l'INDICATIF

Locution introduisant un fait passé.

Cette locution conjonctive doit se construire avec l'indicatif, puisque la subordonnée qu'elle introduit exprime un fait passé, donc bien réel. De plus en plus, notamment dans les informations à la radio et à la télévision, *après que* est construit avec le subjonctif, qui devrait servir à marquer le doute ou l'hypothèse. Il faudrait réagir contre cet usage en dépit de sa généralisation.
Ex. : Elle s'est suicidée **APRÈS QUE** son ami s'est enfui (et non « se soit enfui »).

SYN

AQUATIQUE

 NAUTIQUE

Relatif aux sports pratiqués dans l'eau ou sur l'eau.

L'usage a consacré *nautique* en ce sens.
Ex. : Respecter les règles de la sécurité **NAUTIQUE**. Le ski **NAUTIQUE** gagne en popularité.

IMP

AQUATIQUE : Se dit des animaux et plantes qui vivent dans l'eau.

ARGENTS

CRÉDITS; FONDS; CAPITAUX

Sommes nécessaires à la réalisation d'un projet.

L'emploi d'*argent* au pluriel est archaïque. On le remplace par *crédits, fonds, capitaux*, selon le contexte.
Ex. : Le ministre dit ne pas disposer des **CRÉDITS** (et non « des argents ») qu'il faudrait pour lutter efficacement contre le sida.

IMP ARC

ARTICULÉ  **DISERT;
STRUCTURÉ**

 Qui s'exprime avec aisance et logique. Qui a de l'ordre
dans les idées.

L'adjectif français *articulé* n'a pas ces sens abstraits,
empruntés à l'anglais *articulate*. Dans le premier sens, on
lui substituera l'adjectif **disert**.
Ex. : Sa popularité vient du fait qu'elle est très **DISERTE**.

Dans le second sens, on le remplacera par **structuré**.
Ex. : Ce jeune étudiant est très **STRUCTURÉ**.

ANG IMP

 ARTICULÉ : Joint par une charnière. Prononcé avec
précision.

 ASSAUT  **AGRESSION**

 Attaque violente contre quelqu'un.

Impropriété attribuable à l'anglais *assault*. À remplacer par
agression.
Ex. : Il a été accusé d'**AGRESSION** contre un policier.

ANG IMP

 ASSAUT : Attaque contre une place forte, une position
retranchée.

ASSEMBLÉE DE MISE **ASSEMBLÉE**
EN NOMINATION **D'INVESTITURE**

Réunion électorale au cours de laquelle un parti choisit son
candidat en vue des élections prochaines.

L'emploi de *nomination* est impropre dans ce sens.

V. aussi MISE EN NOMINATION

IMP

ASSEMBLÉE
GÉNÉRALE
SPÉCIALE

 **ASSEMBLÉE
GÉNÉRALE
EXTRAORDINAIRE**

 Assemblée générale d'un organisme ou d'une société autre que l'assemblée annuelle, dite ordinaire.

L'anglais, dans ce cas, emploie *special*. L'usage en français a consacré *extraordinaire*.

Ex. : Il a fallu convoquer une **ASSEMBLÉE (GÉNÉRALE) EXTRAORDINAIRE** à la suite de la démission du président.

COC ANG

 ASSIGNER
QUELQU'UN

 **AFFECTER
QUELQU'UN;
ASSIGNER À
QUELQU'UN**

 Charger quelqu'un d'une tâche ou d'une mission.

Attention à la confusion des constructions : on assigne une tâche à quelqu'un ou on affecte quelqu'un à une tâche. Dans la langue générale, *assigner quelqu'un* est une mauvaise construction.

SYN

ASSIGNER QUELQU'UN : En droit, citer quelqu'un à comparaître.

18

 AU MÉRITE  **AU FOND; DE FAÇON OBJECTIVE**

 Sans considérations affectives ou subjectives.

Anglicisme. Il ne faut pas confondre mérite et objectivité. Si l'on veut marquer qu'on étudie une question en toute objectivité, on emploie *au fond, de façon objective* et non *au mérite.*

ANG IMP

 AU MÉRITE : Selon les qualités reconnues.
Ex. : Choisir des candidats au mérite.

 AU PLAN DE  **SUR LE PLAN DE; AU NIVEAU DE**

Locution introduisant un complément de point de vue.

« Au plan de » est critiqué, même s'il est très fréquent. Utiliser plutôt *sur le plan de, au niveau de*. L'emploi d'*au niveau de* doit toujours se référer à une structure hiérarchisée.
Ex. : **SUR LE PLAN DES** principes, elle est intransigeante. **AU NIVEAU DE** la direction, il faudrait apporter bien des changements.

SYN COC

 AUDIENCE  **AUDITOIRE**

Ensemble de personnes qui assistent à un spectacle.

Il ne faut pas confondre ces deux termes. Dans le sens précité, seul *auditoire* est employé proprement.
Ex. : Il y avait des trouble-fête dans l'**AUDITOIRE**, à l'occasion de la première.

IMP

AUDIENCE : Ensemble de personnes touchées par un média, un livre, etc.

AUSSI PEU QUE   *Voir*   POUR AUSSI PEU QUE

AVEC LE RÉSULTAT QUE 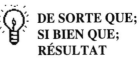 **DE SORTE QUE; SI BIEN QUE; RÉSULTAT**

 Locution consécutive introduisant une subordonnée circonstancielle.

De l'anglais *with the result that*. Cette locution n'a pas cours en français. La remplacer par les locutions courantes *de sorte que, si bien que*. On peut aussi faire deux phrases, avec le substantif *résultat* comme charnière.
Ex. : Les combats ont repris **SI BIEN QUE** l'aéroport est de nouveau fermé. On a fermé le pont; **RÉSULTAT**, un embouteillage monstre.

ANG SYN

 AVISEUR **CONSEILLER**

 Personne que sa compétence autorise à donner des avis dans des domaines spécialisés.

« Aviseur » n'existe pas en français. C'est un calque de l'anglais *advisor*. Le terme propre est *conseiller*.
Ex. : Il fera fonction de **CONSEILLER** technique auprès de l'association.

IMP ANG

 AVISEUR LÉGAL  **CONSEILLER JURIDIQUE**

 Personne, avocat ou notaire, qui conseille en matière de droit.

« Aviseur légal » est un calque de *legal advisor*. Le terme français correct est *conseiller juridique*.
Ex. : Demander l'avis d'un **CONSEILLER JURIDIQUE**.

V. aussi LÉGAL (1)

ANG

AVOIR LE
MEILLEUR SUR

 **L'EMPORTER SUR;
TRIOMPHER DE;
AVOIR
L'AVANTAGE SUR**

Vaincre quelqu'un à l'issue d'une lutte ou d'une
compétition.

Calque de l'anglais *to get the better of.* Le *Nouveau Petit
Robert* cite ce calque comme étant en usage depuis
longtemps dans la langue des sports. Par la violence qu'il
fait à la syntaxe et au sens des mots, ce tour apparaît à
éviter.
Ex. : Le boxeur Kennedy **L'A EMPORTÉ** hier **SUR** son
adversaire.

ANG SYN

AVOIR LES BLEUS

 **AVOIR LE CAFARD;
BROYER DU NOIR**

Être déprimé, découragé.

« Avoir les bleus » est un calque de l'anglais *to have got
the blues.* Dans le même registre, on dit en français *avoir le
cafard, broyer du noir.*
Ex : Ce n'est pas le temps de venir me voir, j'**AI LE
CAFARD**.

ANG

B

 BÂCLER  CONCLURE

Arriver à un accord.

En français, *bâcler* n'est pas un terme neutre. Il est péjoratif. Il faut éviter de l'employer au sens de conclure.
Ex. : La vente a été **CONCLUE** hier. Les parties viennent de **CONCLURE** leurs négociations.

IMP

 BÂCLER : Faire rapidement et sans soin pour se débarrasser.
Ex. : Il a bâclé son travail pour sortir plus tôt.

 BAL DE  **BAL DE FIN** GRADUATION **D'ÉTUDES**

Fête organisée à l'occasion de la fin des études.

Anglicisme tiré de *graduation ball*. Tour à éviter.
Ex. : Elle a gardé un souvenir impérissable de son **BAL DE FIN D'ÉTUDES**.
V. aussi GRADUATION

IMP ANG

 BALANCE SOLDE

Différence entre l'actif et le passif d'un compte. Lot de marchandises invendues.

Dans ces deux sens, l'emploi de *balance* est impropre. C'est *solde* qui est le terme juste.
Ex. : Il y a un **SOLDE** de 70 $ à votre compte. Il achète des **SOLDES** de chaussures pour les revendre à bas prix.

IMP ANG

 BALANCE : État d'équilibre.
Ex. : La balance des pouvoirs.

 BANC *Voir* MONTER SUR LE BANC

 BANQUEROUTE FAILLITE

 Situation d'une personne physique ou morale qui est dans l'impossibilité d'acquitter ses dettes et qui fait l'objet d'une procédure de règlement collectif.

Il ne faut pas confondre *banqueroute* et *faillite*, même si l'anglais dit, dans les deux cas, *bankrupcy*.
Ex. : L'entreprise est en **FAILLITE**. Il a déclaré **FAILLITE**.

IMP ANG

 BANQUEROUTE : Faillite frauduleuse.

BÉNÉFICES  PRESTATIONS

Allocation financière prévue par un régime d'assurance ou une caisse de retraite.

Ce sens de *bénéfices* est anglais. En français, on emploie *prestations*.
Ex. : Les personnes qui abusent des **PRESTATIONS** d'assurance-chômage compromettent l'efficacité du régime. Ses **PRESTATIONS** de retraite sont trop maigres pour lui permettre de mener une vie intéressante.

IMP ANG

 BÉNÉFICE : Gain réalisé par un investissement, une vente, etc.
Ex. : Il a fait un important bénéfice en vendant sa maison.

BÉNÉFICES
MARGINAUX

 **AVANTAGES
SOCIAUX**

 Protection et avantages assurés aux salariés soit par l'employeur, soit par l'État ou les deux : assurances, congés payés, indemnités de repas, congés de maladie, etc.

L'expression consacrée pour rendre cette notion est *avantages sociaux*.

Ex. : On estime en général que les **AVANTAGES SOCIAUX** comptent pour le quart de la rémunération du salarié.

IMP

 BIAISÉ

 **TENDANCIEUX;
PARTIAL; ORIENTÉ**

 Qui cherche à faire voir les faits selon une certaine optique servant une cause ou des intérêts.

Anglicisme. Il serait préférable de ne pas propager cet usage, en dépit de la caution des dictionnaires.

Ex. : Un reportage **TENDANCIEUX**. Une étude **PARTIALE**. Un livre politiquement **ORIENTÉ**.

IMP ANG

 BIAISÉ : Placé de biais. Au figuré, détourné, artificieux.
Ex. : Moyens biaisés.

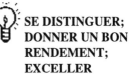 BIEN FAIRE

**SE DISTINGUER;
DONNER UN BON
RENDEMENT;
EXCELLER**

Être à la hauteur de la situation.

Il faut bien reconnaître dans cet usage l'influence de l'anglais *to do well*. Malheureusement, *bien faire* a en français un sens moral et ne convient pas pour décrire le comportement d'un sportif qui a donné un excellent rendement au cours d'un match.

Ex. : Maheu **A EXCELLÉ** au cours du match.

ANG IMP

 BIEN FAIRE : Bien agir, agir conformément à une norme.
Ex. : J'ai cru bien faire.

BIEN-ÊTRE  SÉCURITÉ SOCIALE; AIDE SOCIALE

 Prestations versées aux personnes qui n'ont pas de moyens de subsistance suffisants.

Au Canada, on rend souvent *welfare* par *bien-être*. D'où l'emploi étonnant de ce mot au sens de prestations d'aide sociale. Cet usage est à déconseiller. On lui préférera les expressions données ci-dessus.
Ex. : Les prestations d'**AIDE SOCIALE** ne lui permettent pas de joindre les deux bouts. Il vit de l'**AIDE SOCIALE** (et non « il est sur le bien-être »).

IMP

 BIEN-ÊTRE : Situation matérielle permettant de satisfaire ses besoins.
Ex. : Depuis la mort de son mari, son héritage lui permet de vivre dans un bien-être relatif.

 BIENVENUE IL N'Y A PAS DE QUOI; JE VOUS EN PRIE; À VOTRE SERVICE

 Formule de réponse à un remerciement.

En français, pour répondre à un remerciement, on a recours aux tournures citées plus haut, selon les situations.

IMP ANG

 BIENVENUE : Formule d'accueil.
Ex. : Bienvenue à nos visiteurs.

BILLET  CONTRAVENTION

Document attestant que le destinataire a commis une infraction.

Calque de l'anglais *ticket*. Lui substituer **contravention**.
Ex. : Le policier m'a collé une **CONTRAVENTION**.

ANG IMP

 BILLET : Effet de commerce. Document donnant droit d'entrée.
Ex. : Un billet à ordre. Acheter un billet pour le spectacle.

 BILLET
COMPLIMENTAIRE **BILLET DE FAVEUR**

 Billet qu'un entrepreneur de spectacle offre gracieusement à quelqu'un.

« Billet complimentaire » est un calque de l'anglais *complimentary ticket*, qui se rend en français par **billet de faveur**.
Ex. : Recevoir des **BILLETS DE FAVEUR** pour le concert symphonique.

ANG

 BLANC DE MÉMOIRE TROU DE MÉMOIRE

Défaillance subite de la mémoire.

L'appellation idiomatique est *trou de mémoire*.
Ex. : Le concurrent a eu un véritable **TROU DE MÉMOIRE**; il n'a jamais pu se rappeler le nom du général en question.

COC ANG

 BLEUS *Voir* AVOIR LES BLEUS

BONI **PRIME; POINT DE BONIFICATION**

 Avantage supplémentaire accordé à l'achat d'un bien; récompense accordée pour rendement exceptionnel; indemnité compensatrice pour conditions de travail pénibles.

Dans l'usage officiel, on ne peut rendre, en ce sens, l'anglais *bonus* par *boni*. C'est *prime* qu'il faut utiliser.
Ex. : Il touche une **PRIME** au rendement.

Dans la langue des sports, on rend *bonus point* par *point de bonification*.
Ex. : Il a remporté le championnat grâce aux **POINTS DE BONIFICATION** qu'on lui a accordés.

V. aussi BONUS (1)

IMP

BONI : En finances, excédent d'une somme engagée sur la somme dépensée; surplus.
Ex. : Il y a eu un boni de 1000 $ à la liquidation de l'héritage.

 BONUS (1) **PRIME**

Avantage supplémentaire accordé à l'achat d'un bien; récompense accordée pour rendement exceptionnel; indemnité compensatrice pour conditions de travail pénibles.

Le mot *prime* désigne bien ces trois notions.
Ex. : Recevez cette brosse à dents en **PRIME** à l'achat d'un tube de dentifrice. Il touche une **PRIME** chaque fois qu'il dépasse la norme de production. La **PRIME** pour travail de nuit est de 4 $ par jour de travail.

L'emploi de *bonus* en ce sens est familier.

V. aussi BONI

ANG

BONUS (2)　　　　 **INDEMNITÉ DE VIE CHÈRE**

Majoration de la rémunération pour compenser l'inflation.

Le mot *bonus* n'est pas français dans ce sens, on lui préférera l'expression technique exacte.
Ex. : La convention prévoit une **INDEMNITÉ DE VIE CHÈRE** de 2 %.

IMP

BRASSIÈRE　　　　 **SOUTIEN-GORGE**

Sous-vêtement féminin servant à soutenir la poitrine.

L'anglais a emprunté le mot *brassière* pour désigner ce sous-vêtement. Ce n'est pas le sens de ce mot en français. Il faut donc le remplacer par *soutien-gorge*.

IMP ANG

BRASSIÈRE : Petite chemise de bébé à manches longues.

BREUVAGE　　　　 **BOISSON**

Liquide qu'on prend pour son plaisir ou pour se désaltérer.

Breuvage est vieilli en ce sens. On lui préférera *boisson*.
Ex. : Le thé est une **BOISSON** qui termine bien un repas.

IMP ARC

BREUVAGE : Potion ou mélange aux propriétés curatives.
Ex. : Elle détestait le breuvage que sa bonne lui préparait.

BRIS DE CONTRAT　　 **RUPTURE DE CONTRAT**

Annulation unilatérale d'un contrat.

Calque de l'anglais *breach of contract*. À remplacer par *rupture de contrat*.
Ex. : La non-observation de cette clause entraîne automatiquement une **RUPTURE DE CONTRAT**.

ANG IMP

BROCHEUSE  **AGRAFEUSE**

Appareil servant à réunir des feuilles de papier au moyen d'un petit crampon métallique.

Il ne faut pas confondre *brocheuse* et **agrafeuse**. Le petit appareil dont on se sert régulièrement pour attacher deux ou plusieurs feuilles de papier s'appelle **agrafeuse**. Le petit crampon métallique qu'on utilise à cette fin se nomme **agrafe** et non *broche*.

Ex. : Se servir d'une **AGRAFEUSE** pour réunir plusieurs feuillets.

IMP

BROCHEUSE : Appareil industriel servant à brocher des livres.

BRÛLEMENT D'ESTOMAC  **BRÛLURE D'ESTOMAC**

Sensation de chaleur intense attribuable à un excès d'acidité de l'estomac.

« Brûlement », vieilli en français, est resté d'usage régional au Canada français. Le terme d'usage universel est **brûlure**.

Ex. : Il se demandait si les **BRÛLURES** constantes qu'il éprouvait n'étaient pas le signe avant-coureur d'un ulcère d'estomac.

REG ARC

BUREAU-CHEF SIÈGE SOCIAL

Endroit où s'exerce l'activité principale d'une société sur le plan juridique.

« Bureau-chef » est un calque de *head office*. Le terme correct en français est *siège social*.

Ex. : Madenar a son principal établissement au Nouveau-Brunswick, mais son **SIÈGE SOCIAL** est à Montréal.

ANG

C

 CADRAN **RÉVEILLE-MATIN; RÉVEIL**

 Pendulette munie d'une sonnerie réglable qui sert au réveil.

Impropriété. À corriger par les équivalents justes.
Ex. : S'acheter un **RÉVEIL** de voyage. Il collectionne les **RÉVEILLE-MATIN**.

IMP REG

 CADRAN : Surface où les aiguilles marquent l'heure.
Ex. : Un cadran lumineux.

 CAMÉRA  **APPAREIL-PHOTO**

 Appareil servant à prendre des images fixes par l'action de la lumière sur une plaque sensible.

Il ne faut pas confondre *caméra* et ***appareil-photo***. En contexte, le mot ***appareil*** suffit souvent.
Ex. : Son nouvel **APPAREIL** lui permet de prendre des photos en gros plan.

IMP ANG

 CAMÉRA : Appareil de prise de vues cinématographiques.
Ex. : Une caméra super-huit.

 CAMION DE VIDANGES   *Voir* VIDANGES

CAMPAGNE (EN) *Voir* EN CAMPAGNE

 CANCELLER   **ANNULER;
CONTREMANDER;
SUPPRIMER;
OBLITÉRER**

 Déclarer nul.

Le verbe anglais *to cancel* donne lieu à plusieurs
anglicismes. Selon le contexte, *canceller* doit être remplacé
par le verbe français approprié.
Ex. : **ANNULER** une réunion. **CONTREMANDER** une
conférence de presse. **SUPPRIMER** un compte.
OBLITÉRER un timbre.

IMP ANG

 CANCELLER : Annuler un acte en le biffant (terme de
droit vieilli).

 CAPACITÉ *Voir* REMPLIR À
CAPACITÉ

 CARTE
D'IDENTIFICATION **CARTE D'IDENTITÉ**

 Papier attestant que le porteur est bien telle personne.

Calque de l'anglais *identification card*. Rétablir la véritable
désignation française.
Ex. : Produire une **CARTE D'IDENTITÉ**.

ANG

IDENTIFICATION : Action de reconnaître ou son
résultat.
Ex. : Ils ont procédé à l'identification de la victime.

CARTE DE TEMPS  **FICHE DE PRÉSENCE**

Document sur lequel on inscrit les heures de présence au travail.

« Carte de temps » est un calque de *time card*. On lui substituera l'expression correcte *fiche de présence*.
Ex. : Insérer sa **FICHE DE PRÉSENCE** dans l'horodateur.

IMP ANG

 CASIER   **CASE**

 Unité délimitée d'un espace de rangement.

Il ne faut pas confondre *casier* et *case*. La case est une partie du casier.
Ex. : Chaque élève a sa **CASE**, où il doit ranger ses vêtements et ses effets personnels.

IMP

CASIER : Ensemble de cases formant un tout.
Ex. : Ce casier comprend quinze cases, fermées à clé.

 CASIER POSTAL  **CASE POSTALE; BOÎTE POSTALE**

Compartiment destiné à la réception du courrier, pour un destinataire donné, dans un bureau de poste.

Casier est impropre dans ce sens. On peut lui substituer *case* ou *boîte*.
Ex. : Il a loué une **BOÎTE POSTALE**. Adressez vos envois à **CASE POSTALE** 92012.

IMP

CÉDULE  **HORAIRE;
CALENDRIER;
EMPLOI DU TEMPS**

Répartition dans le temps des tâches à effectuer.

Cet emploi de *cédule* est emprunté à l'anglais *schedule*. On lui substituera le terme correct, exigé par le contexte.
Ex. : Les élèves devront consulter l'**HORAIRE** avant de se diriger vers les salles de classe. Le plombier et l'électricien ont approuvé le **CALENDRIER** des travaux. Le ministre a un **EMPLOI DU TEMPS** très chargé.

V. aussi CÉDULE DES CHEMINS DE FER

IMP ANG

 CÉDULE : En droit, ordonnance.

CÉDULE DES
CHEMINS DE FER **INDICATEUR DES
CHEMINS DE FER**

Brochure donnant les horaires des différents trains.

L'usage a consacré ***indicateur*** dans cet emploi.
Ex. : Consulter l'**INDICATEUR** pour connaître l'heure du train.

V. aussi CÉDULE

IMP ANG

CÉDULER **PROGRAMMER;
PRÉVOIR, etc.**

Prévoir à un calendrier de travail ou d'affectation.

Il n'existe pas d'équivalent universel en français correct à « céduler ». Il faut, selon le contexte, le remplacer par un équivalent spécifique.
Ex. : Son service doit **COMMENCER** à 3 h (et non « est cédulé pour 3 h »). La réunion **EST PRÉVUE** pour mardi (et non « est cédulée pour mardi »). L'émission **EST PROGRAMMÉE** le mercredi (et non « est cédulée le mercredi »).

ANG

CENTRE D'ACHATS  **CENTRE COMMERCIAL**

 Groupe d'établissements commerciaux réunis autour d'un parc de stationnement.

L'usage général de la francophonie a consacré **centre commercial** en ce sens.
Ex. : Les **CENTRES COMMERCIAUX** se développent souvent au détriment des centres-villes.

COC

 CHAMBRE **PIÈCE; BUREAU; LOCAL**

 Partie cloisonnée d'un immeuble réservée à un usage particulier.

Contrairement au mot *room*, le mot français *chambre* ne désigne, en langue courante, que la pièce où l'on couche. On ne parle pas de chambre dans un immeuble de bureaux.
Ex. : Rendez-vous au **BUREAU** 620 de l'immeuble Solimar.

Les divisions d'un appartement se nomment **pièces**.
Ex. : Un appartement de cinq **PIÈCES**, dont trois chambres.

IMP ANG

 CHAMBRE : Emploi correct dans certains domaines techniques.
Ex. : Chambre forte, chambre froide.

CHAMBRE : Pièce d'une maison ou d'un appartement généralement réservée au coucher.

Ex. : Une maison de quatre chambres.

CHAMBRE DES JOUEURS  **VESTIAIRE**

 Local d'un stade ou d'un complexe sportif où les joueurs s'habillent.

L'expression « chambre des joueurs » n'est pas admise parmi les emplois techniques du mot *chambre*, comme ***chambre forte*** (sécurité), ***chambre noire*** (photographie), ***chambre à gaz*** (justice). Il faut donc la remplacer par ***vestiaire***.
Ex. : Les joueurs se rendent au **VESTIAIRE** après le match.

IMP

 CHANGE **MONNAIE; PETITE MONNAIE**

 Argent que l'on rend et qui représente la différence de valeur entre le billet donné et l'objet acheté ou vendu. Pièces ou billets de moindre valeur qu'on porte sur soi.

Anglicisme. *Change* n'a pas ces sens en français.
Ex. : « Vous ai-je bien rendu la **MONNAIE**? » lui demande la vendeuse. Je n'ai plus un sou de **MONNAIE**.

ANG IMP

 CHANGE : Valeur des monnaies étrangères par rapport à la monnaie nationale.
Ex. : Le cours des changes fluctue beaucoup depuis quelques semaines.

 CHAQUE suivi d'un PLURIEL  **TOUS LES**

 Chaque suivi d'un pluriel introduit par un numéral (« chaque deux, trois », etc.) est un tour populaire. À un niveau plus relevé, on le remplace par ***tous les***.
Ex. : Il y a visite **TOUS LES** trois lundis (plutôt que « chaque trois lundis »).

V. aussi À CHAQUE suivi d'un NOM DE TEMPS, À TOUS LES

SYN

CHARGE

Voir ÊTRE EN CHARGE DE

 CHARGER (1)

 **IMPUTER À; PORTER À; DÉBITER; FACTURER**

Inscrire une dépense à un compte.

Sens dérivé de l'anglais *to charge*. On remplace ce verbe par les équivalents proposés ci-dessus.
Ex. : Il faut **IMPUTER** cette facture **AU** compte de l'imprimeur. Je ne paierai pas comptant, veuillez **DÉBITER** mon compte. C'est pour **PORTER À** votre compte?

IMP ANG

 CHARGER : Placer une chose à transporter dans un véhicule.
Ex. : Elle a chargé les sacs de café dans la camionnette.

 CHARGER (2)

  DEMANDER (UN PRIX); PRENDRE

 Fixer un prix pour un service.

Ce sens, dérivé de l'anglais *to charge*, n'est pas conforme aux sens français du verbe *charger*. On utilisera les verbes proposés ci-dessus.
Ex. : Combien **DEMANDEZ-VOUS** pour faire ce travail? Combien me **PRENDRIEZ-VOUS** pour faire cette restauration?

IMP ANG

36

 CI-BAS

 **CI-DESSOUS; PLUS BAS; INFRA**

 Référence à ce qui vient après.

L'usage a consacré en français *ci-dessous* ou *plus bas*. On trouve aussi *infra* dans les ouvrages didactiques.
Ex. : Dans la photo **CI-DESSOUS**, vous voyez l'accusé sortant du tribunal.

COC

 CI-HAUT

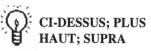 **CI-DESSUS; PLUS HAUT; SUPRA**

Référence à ce qui vient avant ou à ce qui est placé au-dessus.

L'usage a consacré *ci-dessus* ou *plus haut* dans cet emploi. On trouve aussi *supra* dans les ouvrages didactiques.
Ex. : Dans le texte **CI-DESSUS**, les guillemets servent à marquer les formes fautives.

COC

 CIRCULATION

 TIRAGE

Nombre d'exemplaires auquel on imprime une publication.

Calque de l'anglais *circulation*. À remplacer par le terme français exact.
Ex. : Ce magazine a un **TIRAGE** de deux cent mille exemplaires.

IMP ANG

 CIRCULATION : Mouvements divers.
Ex. : La circulation des véhicules aux heures de pointe.

 CIRER DES SKIS

 **FARTER DES SKIS**

Enduire la semelle des skis de fart.

Imprécision. Employer l'expression consacrée.
Ex. : Il est particulièrement important de **FARTER SES SKIS** si la neige est fondante.

COC

CITOYEN
CORPORATIF

 **PRÉSENCE
SOCIALE D'UNE
ENTREPRISE**

 Comportement d'une entreprise dans la société en général.

Calque de l'anglais *corporate citizen*. Il n'existe pas de traduction directe de l'expression anglaise. On peut rendre cette idée par la transposition abstraite proposée.
Ex. : La société Burton veut affirmer sa **PRÉSENCE SOCIALE**.

V. aussi CORPORATIF

ANG IMP

 CIVIQUE

 **MUNICIPAL**

 Qui appartient à une municipalité ou qui est géré par elle.

Anglicisme. Le mot *civique* a un sens abstrait en français. Lorsqu'il est utilisé dans ce sens étroit, *civic* se rend par **municipal**.
Ex. : L'hôpital **MUNICIPAL** est situé dans la rue Mercier.
L'aréna **MUNICIPAL** est surtout fréquenté en fin de semaine.

V. aussi NUMÉRO CIVIQUE

IMP ANG

 CIVIQUE : Relatif au citoyen.
Ex. : Remplir ses devoirs civiques.

 CLAUSES
MONÉTAIRES

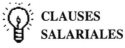 **CLAUSES
SALARIALES**

Dispositions d'une convention collective qui régissent la rémunération des travailleurs.

L'expression « clauses monétaires » est beaucoup trop vague pour convenir dans cet emploi. On lui préférera *clauses salariales*.

IMP

 MONÉTAIRE : Relatif à la monnaie.
Ex. : La politique monétaire de la banque centrale.

38

CLÉRICAL  D'ÉCRITURE

Relatif au travail d'écriture.

L'emploi de *clérical* en ce sens est impropre.

V. aussi ERREUR CLÉRICALE, PERSONNEL CLÉRICAL, TRAVAIL CLÉRICAL

IMP ANG

CLÉRICAL : Relatif au clergé.

CLINIQUE ATELIER; COURS PRATIQUE

Séance de formation où les notions théoriques s'accompagnent d'applications pratiques ou de démonstrations.

Contrairement au mot anglais *clinic*, le terme français conserve uniquement son sens médical. Lui substituer **atelier, cours pratique**.
Ex. : Des **COURS PRATIQUES** de hockey auront lieu trois fois par semaine.

IMP ANG

CLINIQUE : Établissement où l'on dispense des soins médicaux.

CLINIQUE DE SANG  COLLECTE DE SANG

Opération qui vise à recueillir du sang pour d'éventuelles transfusions.

Anglicisme. L'emploi de *clinique* ne peut se justifier en français dans ce sens. On le remplacera par **collecte**.
Ex. : La Croix-Rouge organise une **COLLECTE DE SANG**.

IMP ANG

COLLECTER DES
COMPTES

 **RECOUVRER DES
COMPTES**

 Percevoir des comptes en souffrance.

Anglicisme, de *to collect*. En français, on dit **recouvrer**.
Ex. : Elle a réussi à **RECOUVRER** la moitié des comptes
classés comme mauvaises créances.

On dit aussi **recouvrement** et non « collection » des
comptes.

ANG

 COLLECTER : Réunir des dons.
Ex. : Collecter des vêtements pour les pauvres.

 COMME QUESTION
DE FAIT

 **DE FAIT;
EN RÉALITÉ;
À VRAI DIRE**

 Locution introduisant une restriction.

Calque de l'anglais *as a matter of fact*. Les locutions
françaises plus concises ne manquent pas pour rendre la
même idée.
Ex. : Il se prétend directeur général; **EN RÉALITÉ**, il n'est
qu'un chef de service.

ANG

 COMMÉMORER
UN ANNIVERSAIRE

 **CÉLÉBRER
UN ANNIVERSAIRE**

Fêter l'anniversaire d'un événement marquant.

Il ne faut pas confondre *commémorer* et *célébrer*.
Célébrer signifie fêter. On peut fêter le 350e anniversaire de
la fondation de Montréal pour commémorer cet événement.

IMP

 COMMÉMORER : Rappeler le souvenir d'un événement.
Ex. : Commémorer la fondation de Montréal et la
découverte de l'Amérique.

COMPLIMENTAIRE   *Voir* BILLET
COMPLIMENTAIRE

 CONCIERGERIE   **IMMEUBLE
D'HABITATION;
MAISON DE
RAPPORT**

 Immeuble groupant plusieurs appartements donnés en
location.

Impropriété. S'en tenir aux sens consignés dans les
dictionnaires.
Ex. : De nos jours, les **IMMEUBLES D'HABITATION**
sont plus rentables que les immeubles de bureaux.

IMP

 CONCIERGERIE : Charge de concierge; logement du
concierge.

 CONFRONTER DES
DIFFICULTÉS   **SE HEURTER À DES
DIFFICULTÉS; ÊTRE
CONFRONTÉ À DES
DIFFICULTÉS**

 Être obligé de faire face à des difficultés.

Construit transitivement, *confronter* n'a pas ce sens. Le
tour *être confronté à* est critiqué, mais il est de plus en plus
fréquent. Rien ne nous force à l'utiliser, car traditionnellement *confronter* signifie mettre en présence pour comparer.

SYN IMP ANG

CONFRONTER : Comparer de façon suivie.
Ex. : Confronter deux éditions du même ouvrage.

CONGÉ SANS SOLDE  **CONGÉ NON PAYÉ; CONGÉ SANS SALAIRE**

 Congé accordé sans rémunération.

Dans la vie civile, on parle de *paie* ou de *salaire*. Le congé non rémunéré s'appelle *congé non payé* ou *congé sans salaire*.
Ex. : Son employeur lui refuse un **CONGÉ NON PAYÉ** qui lui permettrait de poursuivre ses études.

V. aussi SOLDE

IMP

 SOLDE (f.) : Rémunération des militaires.

 CONSERVATEUR  **PRUDENT; MODÉRÉ**

Qui est inspiré par la circonspection, la mesure.

Ce sens est celui de l'adjectif anglais *conservative*. Il est étranger au sens français de *conservateur*. Dans le sens précité, on lui substituera les adjectifs *prudent, modéré*.
Ex. : Le ministre affirme que ses estimations sont **PRUDENTES**. Le président s'est montré très **MODÉRÉ** dans ses prospectives.

IMP ANG

CONSERVATEUR : Attaché aux traditions, à l'ordre établi.
Ex. : Son père était très conservateur; il ne voulait pas qu'elle porte le pantalon.

CONTINUITÉ  **FEUILLETON;
TÉLÉROMAN
(spécifique);
RADIOROMAN
(spécifique)**

Série d'émissions dramatiques en plusieurs épisodes avec trame commune.

Impropriété. Même si ces séries dramatiques exigent de la continuité, on ne saurait les tenir pour des continuités. *Feuilleton* est le terme générique qui désigne cette catégorie d'émissions. *Téléroman* désigne un feuilleton télévisuel et *radioroman*, un feuilleton radiophonique. Ex. : Les **TÉLÉROMANS** ont presque évincé les **RADIOROMANS**, qui sont disparus des antennes de la radio. Le **TÉLÉROMAN** *Le Temps d'une paix* m'a laissé un souvenir impérissable.

IMP

CONTINUITÉ : Caractère de ce qui s'enchaîne, se continue.
Ex. : Pour réussir, il faut de la continuité dans l'effort.

 CONTRACTEUR  **ENTREPRENEUR**

Personne qui se charge de l'exécution de travaux.

« Contracteur » nous vient de l'anglais *contractor*. Il fait double emploi avec *entrepreneur*.
Ex. : Germain est **ENTREPRENEUR** en construction domiciliaire.

V. aussi SOUS-CONTRACTEUR

ANG

 CONTRÔLE *Voir* SOUS CONTRÔLE

COPIE  **EXEMPLAIRE**

 Chaque objet reproduit à partir d'un type.

Pour un livre, un journal, une gravure dont le tirage est élevé, il est plus juste d'employer le terme *exemplaire*.
Ex. : Ce journal tire à trois cent mille **EXEMPLAIRES**. Je vous adresserai un **EXEMPLAIRE** de mon livre. Le tirage de cette gravure est limité à cinquante **EXEMPLAIRES**.

IMP

COPIE : Reproduction d'un objet. Son résultat.
Ex. : C'est une mauvaise copie. Tirez-m'en cinq copies.

 COPIE CARBONE  **DOUBLE**

 Copie d'un texte obtenue grâce au papier carbone.

La chose est en voie de disparition, mais il faut quand même désigner les réalités historiques.
Ex. : Il ne restait que le **DOUBLE** de la lettre; l'original avait été détruit.

IMP

 CORPORATIF **SOCIAL; DE SOCIÉTÉ; D'ENTREPRISE**

Se dit de ce qui est relatif à l'exploitation des grandes sociétés commerciales.

Usage dérivé du mot anglais *corporation* qui désigne une société commerciale. L'adjectif français *corporatif* n'a pas ce sens.
Ex. : L'Association se plaint que les impôts **DES SOCIÉTÉS** sont trop lourds. L'emblème **SOCIAL** de Coterel est d'une conception graphique originale. Linguatech veut soigner son image **D'ENTREPRISE**.

V. aussi CITOYEN CORPORATIF

ANG IMP

 CORPORATIF : Au Québec, relatif à l'exercice d'une même profession.
Ex. : L'image corporative des traducteurs.

COUPE-VENT  **BLOUSON**

 Veste courte à manches longues resserrée aux hanches.

Impropriété. Ne pas confondre *coupe-vent* et **blouson**. Ce dernier désigne un vêtement de sport qui peut s'utiliser comme vêtement de ville.
Ex. : Adolescent, il attachait beaucoup d'importance à l'élégance de ses **BLOUSONS**.

IMP

 COUPE-VENT : Survêtement de tissu serré, qui protège contre le vent.
Ex. : Mettre un coupe-vent par-dessus son chandail.

 COUPER LES  **COMPRIMER**
DÉPENSES **LES DÉPENSES**

 Réduire le montant à dépenser.

De l'anglais *to cut*. Emploi impropre de *couper*, qui n'a pas le sens de réduire, restreindre, diminuer.
Ex. : Le ministre des Finances veut **COMPRIMER LES DÉPENSES** de tous les ministères.

ANG IMP

 COUPER : Tailler, diviser, mutiler, être tranchant.

COUPURE DE **COMPRESSION**
BUDGET/ **BUDGÉTAIRE;**
DE PERSONNEL **COMPRESSION DE**
PERSONNEL

 Réduction des dépenses prévues au budget; réduction des effectifs d'une entreprise, d'un service.

De l'anglais *cut*. Le mot *coupure* n'a pas en français le sens de compression.
Ex. : L'entreprise entreprend son dégraissage :
COMPRESSION des dépenses et du personnel.

ANG IMP

COUPURE : Blessure, séparation brutale, suppression.

COURSE SOUS
HARNAIS

 **COURSE ATTELÉE**

Course de chevaux où le conducteur est monté sur un sulky.

Calque de l'anglais *harness racing*. L'expression consacrée en français est ***course attelée***.
Ex. : Les **COURSES ATTELÉES** sont plus populaires que les courses montées.

ANG

COUTELLERIE

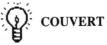 **COUVERT**

Ustensiles de table pour chaque convive.

Impropriété. Le mot *coutellerie* n'a pas ce sens en français. Un ensemble de *couverts* dans un coffret s'appelle une ***ménagère***.
Ex. : Il s'est acheté des **COUVERTS** en argent.

IMP

COUTELLERIE : Fabrique de couteaux et de produits apparentés.
Ex. : La coutellerie Mondor emploie vingt-cinq ouvriers.

COUVERT (1)

 **COUVERTURE**

Ce qui recouvre un livre ou une revue.

Couvert n'a pas ce sens. Le terme correct est ***couverture***.
Ex. : Il a conçu l'illustration de la **COUVERTURE**.
COUVERTURE toile. Un livre à **COUVERTURE** rigide.
Lire un livre d'une **COUVERTURE** à l'autre.

IMP

COUVERT : Abri.

COUVERT (2) **COUVERCLE**

 Dispositif fermant un récipient.

Emploi impropre du mot *couvert*. Lui substituer ***couvercle***.
Ex. : Le bocal est fermé par un **COUVERCLE** vissé.

IMP

 COUVERT (3)  **HOUSSE**

 Enveloppe dont on recouvre un appareil pour le protéger de
la poussière.

Emploi impropre de *couvert*. Le remplacer par ***housse***.
Ex. : Replacer la **HOUSSE** sur l'imprimante après l'avoir
débranchée.

IMP

COUVERTE **COUVERTURE**

Pièce de tissu qu'on place sur les draps d'un lit.

Le mot *couverte* n'a plus ce sens en français d'aujourd'hui.
C'est *couverture* qui est le terme courant.
Ex. : Dormir avec plusieurs **COUVERTURES**. Une
épaisse **COUVERTURE** de laine.

IMP REG ARC

 COUVERTE : Émail recouvrant une faïence, une
porcelaine.
Ex. : Faïence dont la couverte est joliment ornée.

CRIME DÉLIT

 Infraction au code criminel.

Contrairement à l'anglais *crime*, le mot *crime* ne peut se dire de n'importe quelle infraction à la loi. Faire une fausse déclaration de revenu n'est pas un crime, mais un délit.
Ex. : Le vol à la tire est un **DÉLIT**.

V. aussi OFFENSE

IMP ANG

CRIME : Délit très grave entraînant une peine sévère.
Ex. : Les avocats réclament des peines plus sévères pour les crimes de mineurs.

 CUEILLETTE DES DONNÉES **COLLECTE DES DONNÉES**

Action de réunir les éléments nécessaires à une recherche.

L'emploi de *cueillette* surprend dans ce contexte. On lui préférera *collecte*.
Ex. : La **COLLECTE** des données est une étape capitale de la recherche.

IMP COC

CUEILLETTE : Ramassage de fruits.
Ex. : La cueillette des fraises en juin.

 CUEILLETTE DES ORDURES **ENLÈVEMENT DES ORDURES; COLLECTE DES ORDURES**

Ramassage systématique des déchets domestiques ou industriels.

Dans ce contexte, on trouve plutôt *enlèvement* ou *collecte*.
Ex. : L'**ENLÈVEMENT DES ORDURES** se fait les lundis et vendredis. La **COLLECTE** sélective **DES ORDURES** est une mesure pour la protection de l'environnement.

IMP COC

D

👎	DATE	*Voir*	NOM DE JOUR suivi de LE et d'un QUANTIÈME

👎	DATE (À)	*Voir*	À DATE

👎 DÉBUTER QUELQUE CHOSE

💡 **DÉBUTER PAR QUELQUE CHOSE**

📖 Commencer à faire.

Débuter est un verbe intransitif, contrairement à *commencer*. On ne débute pas quelque chose, mais par quelque chose.
Ex. : Le concert **DÉBUTE PAR** une symphonie de Mozart (et non « une symphonie débute le concert »).

Construction à surveiller.

SYN

👎 DÉFINITIVEMENT

💡 **CERTAINEMENT; ABSOLUMENT; BIEN SÛR; SANS AUCUN DOUTE**

📖 Adverbe servant à renforcer une affirmation.

Impropriété. Ce sont les adverbes et locutions ci-dessus qu'il faut employer.
Ex. : Il s'est **CERTAINEMENT** trompé. Vous viendrez? **BIEN SÛR**.

IMP ANG

DÉFINITIVEMENT : Finalement, irrévocablement.
Ex. : Il est définitivement parti.

50

 DÉFRAYER LES
DÉPENSES DE
QUELQU'UN

 **DÉFRAYER
QUELQU'UN**

Payer pour les frais engagés, notamment pour le logement, la nourriture et le déplacement.

Erreur de construction à rectifier.
Ex. : Pendant le séjour de Paul, son employeur **LE DÉFRAIE** de son hébergement et de sa nourriture.

Défrayer s'emploie aussi absolument.
Ex. : Serez-vous **DÉFRAYÉ** à cette occasion?

SYN

 DEMANDER UNE
QUESTION

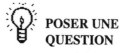 **POSER UNE
QUESTION**

 Formuler un énoncé pour obtenir une réponse.

On demande un renseignement, mais on pose une question. En réalité, on demande une réponse à la question que l'on pose. L'anglais dit *to ask a question*.
Ex. : À la **QUESTION POSÉE**, on ne peut donner une seule réponse. Je veux **POSER UNE QUESTION** à M. le ministre.

COC ANG

 DÉNOMINATION (1)

 **CONFESSION**

Croyance religieuse regroupant ses adhérents.

Anglicisme, de *denomination*. Impropriété. À remplacer par *confession*.
Ex. : Toutes les **CONFESSIONS** religieuses seront représentées au congrès œcuménique.

ANG IMP

 DÉNOMINATION : Appellation d'une personne ou d'une chose.
Ex. : Donner une nouvelle dénomination à une fonction.

DÉNOMINATION (2)   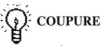 **COUPURE**

Billet de banque représentant une certaine quantité d'un billet de référence.

L'anglais utilise en ce sens *denomination*. Il faut se garder de donner ce sens à *dénomination*. Le terme propre est *coupure*.
Ex. : Il a payé 10 000 $ en **COUPURES** de 100 et de 50.

IMP ANG

 DÉPENDAMMENT   **SELON**

Adverbe, employé comme préposition, donnant lieu à une alternative.

Dans son emploi prépositionnel, remplacer *dépendamment* par *selon*.
Ex. : **SELON** l'attitude qu'il adoptera, il faudra soit mettre le dossier de côté, soit le reprendre complètement.

SYN

 DÉPENDAMMENT (rare) : D'une manière dépendante.
Ex. : Il n'a pas d'autonomie; il agit dépendamment des modes ou des opinions.

 DÉPENDANT   **SELON**

Participe présent, employé comme préposition, donnant lieu à une alternative.

Dans cet emploi prépositionnel, remplacer *dépendant* par *selon*.
Ex. : **SELON** le temps qu'il fera, le concert aura lieu en salle ou en plein air.

SYN

DERNIER suivi d'un
NUMÉRAL

 **DERNIER précédé
d'un NUMÉRAL**

 Cette syntaxe est anglaise. En règle générale, le numéral
précède l'adjectif *dernier*.
Ex. : Il a travaillé les **SIX DERNIERS** mois. Elle s'est
absentée les **TROIS DERNIÈRES** semaines.

Il y a exception lorsque le numéral forme un bloc avec le
nom qu'il détermine, par exemple 24 heures marquant la
durée du jour civil.
Ex. : Il y a eu trois accidents au cours des dernières
24 heures.

V. aussi PREMIER suivi d'un NUMÉRAL, PROCHAIN
suivi d'un NUMÉRAL

SYN ANG

 DEUXIÈME PLUS

Voir NUMÉRAL suivi de
PLUS

 DÉVELOPPEMENT
DOMICILIAIRE

 **LOTISSEMENT
DOMICILIAIRE**

Espace divisé en lots sur lesquels sont construites des
maisons.

Anglicisme. Le mot *développement* n'a pas ce sens en
français. Le remplacer par *lotissement*.
Ex. : Le maire inaugure un **LOTISSEMENT** dans l'ouest
de la ville.

V. aussi DÉVELOPPEUR, PROJET D'HABITATIONS

ANG IMP

DÉVELOPPEMENT : Action de déployer, d'étendre;
progrès.
Ex. : Le développement personnel exige beaucoup
d'efforts.

DÉVELOPPEUR **LOTISSEUR;**
PROMOTEUR
IMMOBILIER

 Personne qui divise un terrain en lots pour y ériger des constructions.

De l'anglais *developer*. À remplacer par le terme propre.
Ex. : L'entrepreneur Chaldon s'affirme comme un
LOTISSEUR d'expérience. Faut-il confier le
développement de la banlieue aux **PROMOTEURS**
IMMOBILIERS?

V. aussi DÉVELOPPEMENT DOMICILIAIRE, PROJET
D'HABITATIONS

ANG

 DEVOIR (EN) *Voir* EN DEVOIR

 DIGITAL  **NUMÉRIQUE**

 Exprimé ou effectué au moyen de chiffres.

De l'anglais *digital*, dérivé du mot *digit* qui veut dire
chiffre. Cet usage fait violence au sens français du mot
digital. Il est fortement recommandé de remplacer *digital*
par **numérique**, bien que le *Nouveau Petit Robert* admette
l'usage de *digital* en informatique.
Ex. : Une montre à cadran **NUMÉRIQUE**, un
enregistrement **NUMÉRIQUE**, la télévision
NUMÉRIQUE.

IMP ANG

DIGITAL : Relatif aux doigts.
Ex. : Empreintes digitales.

DÎNER D'ÉTAT **GRAND BANQUET;
DÎNER OFFICIEL;
DÎNER DE GALA**

Repas d'apparat souvent donné en l'honneur de quelqu'un.

Dans l'expression anglaise *state dinner*, le mot *state* n'a pas le sens politique d'État, mais le sens mondain de grande pompe, solennité. On se gardera de traduire littéralement cette expression. Il faut remplacer « dîner d'État » par ***grand banquet, dîner officiel, dîner de gala*.**
Ex. : Un **GRAND BANQUET** a été organisé en l'honneur du titulaire du prix Nobel de la paix.

V. aussi FUNÉRAILLES D'ÉTAT

ANG

 DIRECTEUR  **ADMINISTRATEUR**

 Personne qui fait partie du conseil d'administration d'une entreprise.

Anglicisme. En anglais, cette personne s'appelle *director*. En français, un directeur ne siège pas au conseil d'administration, mais fait partie de la hiérarchie d'une entreprise.
Ex. : Il est **ADMINISTRATEUR** de trois ou quatre entreprises.

ANG IMP

 DIRECTEUR : Personne à la tête d'un service important.
Ex. : Le président a convoqué une réunion de ses directeurs pour la révision des budgets.

DISGRÂCE  **DÉSHONNEUR; HORREUR**

 État qui inspire de la honte.

Ce sens est étranger au sens du mot français *disgrâce*. Le mot anglais *disgrace* a ce sens en plus du sens du mot français. Attention de ne pas les confondre.
Ex. : Votre geste causera votre **DÉSHONNEUR**. C'est un **DÉSHONNEUR** d'agir de la sorte. Ce monument est une véritable **HORREUR**.

IMP ANG

 DISGRÂCE : Perte de la faveur de quelqu'un. Infortune.
Ex. : Il est tombé en disgrâce.

 DISGRACIEUX **HONTEUX; IGNOMINIEUX; DÉSHONORANT**

État qui suscite de la honte, qui enfreint l'éthique sociale.

L'adjectif français *disgracieux* n'a pas un sens aussi fort. C'est l'influence de l'adjectif anglais *disgraceful* qui est à l'origine de cette impropriété.
Ex. : La conduite du ministre dans cette affaire est **HONTEUSE/DÉSHONORANTE**.

ANG IMP

DISGRACIEUX : Qui manque de grâce, d'amabilité.
Ex. : Une réponse disgracieuse.

56

 DISPOSER DE  **SE DÉBARRASSER DE; SE DÉFAIRE DE**

Se séparer de quelque chose qu'on n'utilise plus.

De l'anglais *to dispose of* qui signifie se débarrasser de.
Le verbe français *disposer* n'a pas ce sens. On le
remplacera par *se débarrasser de, se défaire de*.
Ex. : Il est de plus en plus difficile de **SE
DÉBARRASSER DES** ordures ménagères. Si vous
voulez vous **DÉFAIRE DE** vos vieux meubles, appelez le
brocanteur.

ANG IMP

V. aussi DISPOSITION DES ORDURES

 DISPOSER DE : Avoir à son usage.
Ex. : Il dispose de deux voitures.

 DISPOSITION DES
ORDURES  **GESTION DES
ORDURES;
ÉLIMINATION DES
ORDURES**

Action de se débarrasser des ordures ménagères ou des
déchets industriels.

Disposition ne désigne pas l'action de se débarrasser. Si
l'on veut parler du traitement rationnel des ordures, on
emploiera *gestion*; si l'on veut simplement parler des
mesures prises pour s'en débarrasser, on utilisera
élimination.

IMP ANG

 DISPOSITION : Mise en place; arrangement.
Ex. : Elle assure la disposition des produits dans le
magasin.

DOMESTIQUE  **NATIONAL;
INTÉRIEUR**

 Relatif à ce qui se passe à l'intérieur des frontières d'un pays.

Anglicisme. L'adjectif *domestique* n'a pas ce sens en français moderne. Le remplacer par **national, intérieur**.
Ex. : Sur la scène **NATIONALE**, on signale un premier week-end sans accident de la route. Tous les vols **INTÉRIEURS** d'AIRTRANS ont été supprimés.

IMP ANG

 DOMESTIQUE : Qui concerne la maison, la vie familiale.
Ex. : Un drame domestique.

 DONNER UNE **APPLAUDIR**
BONNE MAIN **CHALEUREUSEMENT**
(D'APPLAUDISSEMENTS)

Battre vigoureusement des mains en signe d'approbation ou d'admiration.

To give someone a good hand, c'est applaudir quelqu'un chaleureusement. La traduction littérale de cette expression n'a pas de sens en français. N'ayons crainte d'employer *applaudir*; c'est bien français.
Ex. : **APPLAUDISSONS CHALEUREUSEMENT** notre artiste!

V. aussi MAIN D'APPLAUDISSEMENTS

ANG

DRASTIQUE  **RADICAL;
DRACONIEN**

 Qui produit un effet violent, ne laisse place à aucune
tergiversation.

Autrefois, *drastique* appartenait au langage médical et ne se
disait que des purgatifs. Sous l'influence de l'anglais, on le
trouve assez fréquemment, même sous des plumes
autorisées. Les adjectifs *radical, draconien* n'ont toutefois
rien perdu de leur à-propos.
Ex. : Des mesures **DRACONIENNES**, c'est tout aussi fort
que des mesures drastiques.

ANG

DRASTIQUE : Dans le domaine médical, se dit de
purgatifs.
Ex. : Sa constipation chronique l'obligeait à prendre des
médicaments drastiques.

ÉDITEUR  **RÉDACTEUR;
RÉVISEUR**

 Dans le journalisme, personne qui rédige les informations ou les révise.

Il ne faut pas confondre *éditeur* et **rédacteur**.
Ex. : Dans une salle de rédaction, il y a des
RÉDACTEURS et des **RÉVISEURS**.

IMP ANG

ÉDITEUR D'UN JOURNAL : Celui qui publie un journal ou est responsable de sa publication.

 ÉDITEUR DE FILM **MONTEUR DE FILM**

Technicien responsable du choix et de l'agencement des plans et des séquences de prises de vues pour réaliser le produit final.

« Éditeur de film » est un calque de *film editor*. **Monteur** est le terme consacré.
Ex. : Le spectateur ne se rend pas compte du rôle capital qu'a joué le **MONTEUR DE FILM**.

IMP ANG

EFFET   *Voir* À L'EFFET QUE

ÉLABORER SUR  **DÉVELOPPER DAVANTAGE; COMMENTER**

 Étoffer un énoncé en le détaillant.

Impropriété. Remplacer « élaborer sur » par *développer davantage* ou *commenter*.
Ex. : Monsieur le directeur, pourriez-vous **DÉVELOPPER** (davantage) votre idée? La députée n'a pas voulu **COMMENTER** la nouvelle.

IMP ANG

 ÉLABORER : Soumettre à un lent travail de mûrissement ou de transformation.
Ex. : Une œuvre qu'il a mis beaucoup de temps à élaborer.

 ÉLIGIBLE **ADMISSIBLE; AVOIR DROIT**

 Qui peut être admis à un emploi, à un concours ou est apte à recevoir des prestations ou une subvention.

Impropriété. *Éligible* n'a qu'un sens électoral en français correct. On le remplace par *admissible* ou en utilisant la locution *avoir droit*.
Ex. : Comme il n'a pas terminé son secondaire, il n'est pas **ADMISSIBLE** à cet emploi. Cette entreprise ne remplit pas les conditions pour être **ADMISSIBLE** à une subvention de recherche. Il **A DROIT** à cette indemnité.

IMP ANG

 ÉLIGIBLE : Qui remplit les conditions nécessaires pour être élu.
Ex. : Il n'est pas éligible à la présidence.

ÉMETTRE UN PERMIS **DÉLIVRER UN PERMIS**

 Remettre à quelqu'un un document d'autorisation.

Le verbe anglais *to issue* ne peut pas toujours se rendre par *émettre*. Lorsqu'il s'agit d'un document émanant d'une autorité compétente, c'est ***délivrer*** qui convient.

Ex. : **DÉLIVRER** un permis, un reçu, un certificat.

V. aussi ÉMETTRE UNE CIRCULAIRE, ÉMETTRE UNE ORDONNANCE

ANG IMP

 ÉMETTRE : Mettre en circulation en parlant d'effets de commerce ou de documents assimilés.

Ex. : Émettre des obligations en Bourse. Émettre un timbre.

 ÉMETTRE UNE CIRCULAIRE/ UNE DIRECTIVE **PUBLIER UNE CIRCULAIRE/ UNE DIRECTIVE**

Communiquer à la connaissance du public.

Abus d'*émettre* sous l'influence de *to issue*. Utiliser le terme propre.

Ex. : Le ministère a **PUBLIÉ UNE DIRECTIVE** en date du 13 juin.

V. aussi ÉMETTRE UN PERMIS, ÉMETTRE UNE ORDONNANCE

COC ANG

 ÉMETTRE UNE ORDONNANCE **RENDRE UNE ORDONNANCE**

Prononcer une décision de la part d'un juge.

Abus d'*émettre* sous l'influence de *to issue*.

Ex. : Il appartient aux juges de **RENDRE UNE ORDONNANCE**.

V. aussi ÉMETTRE UN PERMIS, ÉMETTRE UNE CIRCULAIRE

COC ANG

👎 EMPLOI   *Voir* À L'EMPLOI DE

👎 EN AUTANT DE
précédé d'un
NUMÉRAL ORDINAL

💡 **EN suivi d'un
NUMÉRAL
CARDINAL**

📖 Tour syntaxique boiteux, qui établit une fausse équivalence
entre un numéral ordinal qui le précède et un numéral
cardinal sous-entendu. Par exemple : « pour la deuxième
fois en autant de jours ».

Sans se torturer les méninges, il est possible de dire tout
simplement : deux fois en deux jours.
Ex. : Le Tricolore a connu deux défaites **EN** deux matchs.

SYN

👎 EN AUTANT QUE

💡 **POUR AUTANT QUE;
AUTANT QUE; DANS
LA MESURE OÙ**

📖 Locution conjonctive introduisant une proposition
comparative.

Tour non admis en français. On lui substituera donc les
locutions ci-dessus.
Ex. : **AUTANT QUE** je sache, il n'assistera pas à la
réunion. **DANS LA MESURE OÙ** il est compétent, il
saura se tirer d'affaire.

SYN

👎 EN AUTANT QUE JE
SUIS CONCERNÉ

💡 **EN CE QUI ME
CONCERNE; QUANT
À MOI; POUR MA
PART**

📖 Calque de l'anglais *as far as I am concerned.* On lui
substituera le tour idiomatique correspondant : *en ce qui
me concerne, quant à moi, pour ma part.*
Ex. : **EN CE QUI ME CONCERNE**, il peut faire ce qu'il
voudra.

SYN ANG

EN BON ORDRE **EN ÉTAT DE MARCHE; EN BON ÉTAT; EN ORDRE DE MARCHE**

 Se dit d'un appareil qui peut fonctionner normalement.

Calque de l'anglais *in good (working) order.* À remplacer par *en état de marche, en bon état, en ordre de marche.* Ex. : Le garagiste vient de remettre la voiture **EN ÉTAT DE MARCHE.** Cet ordinateur est **EN BON ÉTAT**, même s'il est un peu vieux.

IMP ANG

 EN BON ORDRE : Bien rangé; bien organisé. Ex. : Mettre les dossiers en bon ordre.

 EN CAMPAGNE  **À LA CAMPAGNE**

 Hors de la ville.

La construction avec *en* n'a pas le même sens. Ex. : Aller **À LA CAMPAGNE**, avoir une résidence secondaire **À LA CAMPAGNE**.

SYN IMP

 EN CAMPAGNE : En état de guerre. Ex. : L'armée se met en campagne.

 EN CHARGE DE *Voir* ÊTRE EN CHARGE DE

EN DEDANS DE **AVANT; D'ICI À; DANS LES; EN DEÇÀ DE; EN MOINS DE**

 Locution prépositive marquant un délai.

Locution inexistante en français. À remplacer par les prépositions et locutions ci-dessus.
Ex. : Ce travail doit être terminé **AVANT** dix jours. Cette facture doit être acquittée **DANS LES** trente jours. Faire parvenir ce coupon **D'ICI À** deux semaines à l'adresse ci-dessus.

SYN

 EN DEVOIR **DE SERVICE; DE GARDE; EN SERVICE COMMANDÉ**

 Occupé par les obligations de sa fonction.

En devoir est un calque de l'anglais *on duty*. On le remplace par *de service* (emploi général), *de garde* (pour le travail de surveillance).
Ex. : Elle était **DE SERVICE** au moment de l'accident. Le docteur est **DE GARDE** à l'urgence aujourd'hui. Il est mort **EN SERVICE COMMANDÉ**.

ANG

 EN FORCE  **EN VIGUEUR**

Qui a son plein effet.

Calque de l'anglais *in force*. L'expression correcte est *en vigueur*.
Ex. : La loi est **EN VIGUEUR** depuis hier à minuit.

La locution verbale *entrer en force* se rend correctement par *prendre effet*.
Ex. : La loi **PRENDRA EFFET** le 31 janvier.

IMP ANG

EN FORCE : En nombre considérable.
Ex. : Attaquer en force.

EN OPÉRATION **EN ACTIVITÉ; EN SERVICE; EN MARCHE; OUVERT**

 Se dit d'un établissement, d'une installation ou d'un appareil qui fonctionne.

Pour un établissement, on dit *en activité*.
Ex. : L'usine de la Slimco est **EN ACTIVITÉ** depuis le 13 du mois courant.

S'il s'agit d'une installation, on emploie *en service*.
Ex. : La station de radio est déjà **EN SERVICE**.

Pour un appareil, on dit *en marche*.
Ex. : Ne pas toucher au métier lorsqu'il est **EN MARCHE**.

Pour signaler l'accessibilité d'un service, on dit simplement être **OUVERT**.
Ex : La billetterie est ouverte à 5 h.

V. aussi OPÉRATIONS

ANG IMP

 EN ORDRE **EN RÈGLE**

Se dit d'un document qui répond aux conditions de validité posées par l'autorité compétente.

Calque de l'anglais *in order*. À remplacer par *en règle*.
Ex. : Mon passeport est **EN RÈGLE**.

IMP ANG

 EN ORDRE : Bien rangé, bien organisé.
Ex. : Mettre la pièce en ordre.

EN PROGRÈS **EN COURS; EN MARCHE**

Se dit d'une opération qui suit son cours normal.

Anglicisme qui fausse le sens du mot *progrès* en français. Il faut le remplacer par *en cours, en marche*.
Ex. : L'émission est **EN COURS**. La campagne de publicité est **EN MARCHE**.

ANG IMP

EN PROGRÈS : En voie d'amélioration.
Ex. : Cet élève est en progrès.

EN RAPPORT AVEC **CONCERNANT;**
TOUCHANT;
AU SUJET DE;
RELATIVEMENT À;
PAR RAPPORT À

 Locution prépositive marquant l'apparentement.

Emploi impropre en ce sens. À remplacer par les termes mentionnés ci-dessus.

Ex. : Des mesures **CONCERNANT** le stationnement de nuit seront prises incessamment. Il a été arrêté **RELATIVEMENT À** l'enlèvement d'une adolescente.

IMP SYN

 EN RAPPORT AVEC : Qui convient à. En relation avec.
Ex. : Avoir un train de vie en rapport avec son revenu. J'ai mis le publicitaire en rapport avec le président.

 EN TEMPS  **À TEMPS**

 À point nommé, quand il le faut, au moment opportun.

Mauvais emploi de la préposition *en*. La locution reçue est *à temps*.

Ex. : Le colis doit arriver **À TEMPS** à Montréal pour en permettre l'expédition par avion.

SYN

 EN TEMPS ET LIEU : Au moment et dans le lieu propices.

 ENDOS  **DOS; VERSO**

Envers d'une feuille ou d'un feuillet.

Endos a un sens très restreint en français. On ne peut en faire un synonyme de **dos** ou de **verso**.

Ex. : Vous apposerez votre signature au **VERSO** de la formule. Au **DOS** du feuillet, il avait écrit : annulé.

IMP

 ENDOS : Signature d'endossement d'un effet de commerce.
Ex. : L'endos doit être fait conformément aux exigences de la banque.

ÉNUMÉRATION  RECENSEMENT

 Relevé des électeurs en vue d'une élection.

Anglicisme à remplacer par le terme correct *recensement*.
Ex. : Aujourd'hui c'est jour de **RECENSEMENT** en vue
de l'élection partielle.

IMP ANG

 ÉNUMÉRATION : Action d'énoncer plusieurs choses à la
suite les unes des autres.
Ex. : Il a fait l'énumération de ses vertus plutôt que de ses
vices.

 ÉQUITÉ **FONDS PROPRES;
SITUATION NETTE**

 Actif d'une entreprise moins le passif.

Anglicisme qui donne au mot *équité* un sens tout à fait
étranger à son sens véritable. Le remplacer par les
expressions proposées.
Ex. : La capacité d'emprunter dépend souvent de la
SITUATION NETTE de l'entreprise.

ANG IMP

 ÉQUITÉ : Justice naturelle.
Ex. : L'égalité dans l'emploi est une question d'équité.

68

 ERRATIQUE **DÉCOUSU;
DÉSORDONNÉ;
IMPRÉVISIBLE;
INSTABLE**

 Qui n'est pas fondé sur une logique explicable. Instable.

Tout comme *drastique*, *erratique* est un terme technique passé dans la langue courante sous l'influence de l'anglais. Le *Grand Robert* n'applique cet adjectif qu'aux personnes, mais on le voit souvent dans la presse appliqué aux choses. Les conservateurs pourront sans crainte remplacer *erratique* par **décousu** ou **désordonné** en parlant de choses ou par **imprévisible** ou **instable** en parlant de personnes.

ANG

ERRATIQUE (médecine, géologie) : Irrégulier dans sa survenue, sa localisation ou son évolution. Qui se déplace ou s'est déplacé.
Ex. : Une fièvre erratique; une roche erratique.

 ERREUR CLÉRICALE  **ERREUR
D'ÉCRITURE**

 Erreur mineure relevant d'une faute de transcription ou de calcul.

L'adjectif anglais *clerical* a deux sens : 1) relatif au clergé; 2) relatif au travail d'un commis (*clerk*). C'est ce deuxième sens qui est à l'origine de cette impropriété. On se gardera d'employer l'adjectif *clérical* au sens de relatif aux écritures.

V. aussi CLÉRICAL, PERSONNEL CLÉRICAL, TRAVAIL CLÉRICAL

IMP ANG

CLÉRICAL : Relatif au clergé.

ESCOMPTE **RABAIS**

Diminution du prix d'un objet pour diverses raisons.

Par mimétisme, on rend toujours *discount* par *escompte*, ce qui occasionne un certain nombre d'impropriétés. En français, dans le langage courant, la diminution consentie, par exemple, pour des raisons de promotion s'appelle *rabais*.

Ex. : Profitez d'un **RABAIS** de 30 % sur tous les articles en magasin.

IMP ANG

 ESCOMPTE : Rabais consenti sur l'acquittement d'une facture avant échéance.

Ex. : Nos clients peuvent bénéficier d'un escompte de 10 % sur leurs factures.

 ESTIMÉ **DEVIS**

Document évaluant le prix d'un travail ou d'un service à fournir.

Le participe passé *estimé* n'est pas en usage dans cet emploi substantivé. L'expression reçue est *devis*.

Ex. : Selon le **DEVIS** de l'entrepreneur, le remplacement de la porte coûtera 650 $.

V. aussi ESTIMÉS BUDGÉTAIRES

IMP

 À L'ESTIME : Au juger, sans calcul précis.

 ESTIMÉS BUDGÉTAIRES **PRÉVISIONS BUDGÉTAIRES**

Calcul des dépenses envisagées pour le prochain exercice.

En théorie, les *prévisions budgétaires* pourraient comprendre autant les recettes que les dépenses. En pratique, cette expression désigne surtout les dépenses prévues au budget qui, lui, englobe dépenses et recettes.

Ex. : Pour réduire les dépenses de l'État, le ministre a diminué du tiers les **PRÉVISIONS BUDGÉTAIRES** de son ministère.

V. aussi ESTIMÉ

IMP

ÊTRE À L'EMPLOI DE  **TRAVAILLER POUR; ÊTRE AU SERVICE DE (spécifique)**

 Exercer une activité professionnelle pour le compte d'un autre.

Cette locution n'est pas reçue en français. On peut la remplacer par *travailler pour*.
Ex. : Il **A TRAVAILLÉ** successivement **POUR** plusieurs entreprises d'informatique.

L'expression *être au service de* est réservée au travail domestique.
Ex. : Il **A ÉTÉ AU SERVICE DE** M. Mullin, comme valet de chambre.

V. aussi À L'EMPLOI DE

IMP

 ÊTRE À SA PENSION  **ÊTRE À LA RETRAITE**

 Avoir cessé son activité professionnelle et vivre de ses rentes.

Il ne faut pas confondre *pension* et *retraite*. Lorsqu'on veut désigner l'état de celui qui met fin à sa vie professionnelle, c'est *retraite* qui convient.
Ex. : Elle **SERA À LA RETRAITE** bientôt.

Pension est synonyme de *retraite* au sens de rente. Ainsi, on parlera d'une retraite, ou pension, généreuse.

IMP

ÊTRE À SON
MEILLEUR

 **ÊTRE AU SOMMET
DE SA FORME; ÊTRE
EN GRANDE FORME**

 Se dit souvent d'un sportif qui est en pleine possession de
tous ses moyens.

L'emploi de *meilleur* avec le possessif semble d'une
syntaxe douteuse et est probablement inspiré de l'anglais *at
one's best*. On remplacera ce tour avec profit par les
expressions proposées ci-dessus.
Ex. : Roy **ÉTAIT AU SOMMET DE SA FORME** hier.
Elle **EST EN GRANDE FORME** ces jours-ci; elle n'a
jamais si bien joué.

V. aussi À SON MEILLEUR

ANG SYN

 ÊTRE D'AFFAIRES

 **S'ENTENDRE EN
AFFAIRES; S'Y
CONNAÎTRE EN
AFFAIRES; ÊTRE
HABILE EN
AFFAIRES; AVOIR LA
BOSSE DU
COMMERCE**

 Avoir des aptitudes pour le commerce.

Locution inconnue du français. À remplacer par les
formules proposées.
Ex. : Chez Martin, on **S'Y CONNAÎT EN AFFAIRES**. Si
Lemieux gagne tant d'argent, c'est qu'il **S'ENTEND EN
AFFAIRES**.

IMP REG

ÊTRE DÛ POUR 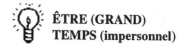 **ÊTRE (GRAND) TEMPS (impersonnel)**

Se trouver dans une situation qui appelle une action immédiate.

Calque de l'anglais *to be due to*. Cet anglicisme exige une transposition syntaxique de l'énoncé où la forme personnelle « je suis dû, tu es dû, etc. » est remplacée par la forme impersonnelle *il est (grand) temps*.
Ex. : Il **EST GRAND TEMPS** que je prenne des vacances (et non « je suis dû pour prendre des vacances »).

ANG SYN

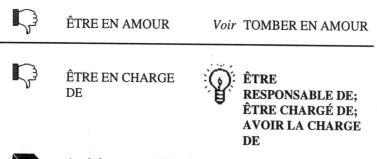

ÊTRE EN AMOUR   *Voir* TOMBER EN AMOUR

ÊTRE EN CHARGE DE   **ÊTRE RESPONSABLE DE; ÊTRE CHARGÉ DE; AVOIR LA CHARGE DE**

Avoir la responsabilité d'une tâche ou d'une mission.

Cet emploi apparaît comme un calque de *to be in charge*. Les formules de rechange sont nombreuses. Les plus courantes sont données ci-dessus. Le *Robert* consigne cette locution en disant que l'emploi en est critiqué.

Ex. : Il **EST RESPONSABLE DES** relations avec l'étranger. Il **EST CHARGÉ DE** la surveillance de la salle. Il **A LA CHARGE DU** fonctionnement de la centrale.

IMP ANG

ÊTRE EN CHARGE : Se dit d'un navire qui a sa cargaison.

ÊTRE EN POSSESSION **NOM DE PERSONNE**
DE suivi d'un **suivi d'AVOIR LA**
NOM DE PERSONNE **POSSESSION DE/**
ÊTRE EN
POSSESSION DE

 Être la propriété de quelqu'un; être soumis à son pouvoir.

Erreur de construction par laquelle on fait de la chose
possédée le possesseur. On corrige en rétablissant le
possesseur dans ses droits.
Ex. : Lemieux **A LA POSSESSION DE/EST EN
POSSESSION DE** la rondelle.

IMP

 ÊTRE EN POSSESSION DE : Avoir, posséder, détenir.
Ex. : Il est en possession d'une fortune fabuleuse.

 ÊTRE LOCALISÉ  **ÊTRE SITUÉ**

 Se trouver à un endroit déterminé.

De l'anglais *to be located*. Emploi impropre de *localisé* à
remplacer par *situé*.
Ex. : Son commerce **EST SITUÉ** à l'angle des rues
Ontario et Saint-André.

V. aussi LOCATION, RELOCALISER

IMP ANG

 LOCALISER : Repérer l'emplacement de quelque chose.
Ex. : Les sauveteurs ont réussi à localiser l'avion accidenté.

 ÊTRE POSITIF *Voir* POSITIF

74

 ÊTRE SATISFAIT QUE

 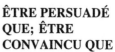 **ÊTRE PERSUADÉ QUE; ÊTRE CONVAINCU QUE**

 Avoir la certitude raisonnable de la véracité de quelque chose.

Anglicisme tiré de *to be satisfied that*. Cette expression fait violence au sens français de l'adjectif *satisfait*. Corriger par les tours appropriés.
Ex. : Je **SUIS PERSUADÉ QUE** mon secrétaire a pris toutes les précautions raisonnables.

ANG IMP

 ÊTRE SATISFAIT : Être content.
Ex. : Je suis satisfait de vos services.

 ÊTRE SOUS L'IMPRESSION

 **AVOIR L'IMPRESSION**

 Avoir le sentiment, l'intuition.

Mauvaise cooccurrence sous l'influence de l'anglais *to be under the impression*. Corrigeons le tir.
Ex. : **J'AI L'IMPRESSION** qu'il me ment.

COC ANG

 ÊTRE SOUS LES SOINS DE

 SE FAIRE TRAITER/ SOIGNER PAR

 Se soumettre à un traitement médical.

Calque probable de *to be under a doctor's care*. Tour non attesté en français.
Ex. : Il se fait **TRAITER/SOIGNER** par un médecin.

ANG

ÊTRE SOUS
OBSERVATION

 **ÊTRE EN
OBSERVATION**

 Être sous la surveillance d'un ou de plusieurs médecins.

Calque de l'anglais *to be under observation*. L'usage en français a consacré *en observation*.
Ex. : Il **EST EN OBSERVATION** depuis plusieurs jours à l'hôpital.

ANG SYN COC

 ÊTRE SOUS
TRAITEMENT

 **ÊTRE EN
TRAITEMENT**

 Faire l'objet de soins médicaux particuliers.

Calque de *to be under treatment*. L'usage a longtemps imposé *en traitement*.
Ex. : Ce malade **EST EN TRAITEMENT**.

Toutefois, le *Nouveau Petit Robert* (1993) donne « sous traitement ».

ANG SYN COC

 ÊTRE SUR L'AIR

 **PASSER À
L'ANTENNE**

En parlant d'une émission, être acheminée à l'antenne pour diffusion.

Calque de *to be on air*. À remplacer par *passer à l'antenne*.
Ex. : Nous **PASSONS À L'ANTENNE** dans deux minutes.

ANG

ÊTRE SUR LE
BIEN-ÊTRE

Voir BIEN-ÊTRE

76

  ÉTUDIANT ÉLÈVE

 Personne qui fréquente un établissement d'enseignement ou qui suit les leçons d'un maître.

Le mot *étudiant* a un sens très précis en français. Il ne s'applique pas à toute personne qui étudie. Il ne se dit pas de ceux qui fréquentent les écoles primaires ou secondaires. C'est le mot *élève* qui convient alors.
Ex. : Les **ÉLÈVES** du secondaire sont en grève.

IMP

ÉTUDIANT : Personne qui fréquente un établissement d'enseignement supérieur.
Ex. : Cette université compte plus de vingt mille étudiants.

 ÉVENTAIL  VENTILATEUR

 Appareil servant à brasser l'air.

L'appareil que l'on branche pour faire circuler l'air dans une pièce se nomme *ventilateur*.
Ex. : En dépit des deux **VENTILATEURS** qui s'acharnaient à brasser l'air, la chaleur était suffocante.

IMP

ÉVENTAIL : Objet, tenu à la main, qu'on agite pour se rafraîchir.
Ex. : Elle s'est acheté un éventail japonais joliment orné.

EXÉCUTIF (adj.) **GÉNÉRAL; PREMIER**

Qui jouit de pouvoirs réels de gestion et de décision.

Cet adjectif, accolé aux substantifs *directeur* et *secrétaire*, n'a pas ce sens en français, on le remplace par **général.**

Ex. : Il est secrétaire **GÉNÉRAL** de la Société Saint-Jean-Baptiste. La directrice **GÉNÉRALE** l'a congédié.

Lorsque *exécutif* qualifie *vice-président*, on lui substitue l'adjectif **premier** au sens de « qui est le plus important ».

Ex. Le vice-président aux finances a été nommé **PREMIER** vice-président.

Au cinéma ou à la télévision, on rend *executive producer* par **producteur délégué.**

ANG

EXÉCUTIF (adj.) : Relatif à l'application des lois. S'oppose à *législatif* et à *judiciaire.*

EXÉCUTIF (nom) **BUREAU**

Organe de gestion d'une entreprise ou d'une association, généralement composé du président, du vice-président, du secrétaire et du trésorier.

Impropriété due à l'anglais et qui supplante indûment l'usage français du mot *bureau.*

Ex. : Il est élu au **BUREAU** de l'association. Les réunions du **BUREAU** ont lieu tous les jeudis.

Il n'est pas nécessaire non plus d'ajouter l'adjectif *exécutif* à *bureau.*

Le Grand Robert admet toutefois l'emploi du substantif *exécutif* pour désigner tout organe qui exerce un pouvoir d'exécution.

IMP ANG

EXÉCUTIF (nom) : Pouvoir exécutif, par opposition au pouvoir judiciaire ou législatif.
Ex. : Le pouvoir judiciaire doit être indépendant de l'exécutif.

78

EXEMPLAIRE
COMPLIMENTAIRE

 **EXEMPLAIRE EN
HOMMAGE;
EXEMPLAIRE
GRATUIT**

Exemplaire d'un volume qu'un auteur ou un éditeur offrent en témoignage de reconnaissance ou de respect.

Parfois, l'adjectif anglais *complimentary* peut signifier tout simplement à titre gracieux. On le rend alors par *gratuit*. Mais s'il a une connotation de reconnaissance et de respect, *gratuit* est alors insuffisant.

Ex. : Donner à son professeur un exemplaire **EN HOMMAGE**.

On peut également rendre cette idée en déplaçant le point de vue.

Ex. : Il m'a fait l'**HOMMAGE** d'un exemplaire de son dernier livre.

ANG

EXHIBIT (1)

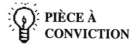 **PIÈCE À
CONVICTION**

Objet pouvant servir de preuve dans un procès.

Anglicisme à remplacer par *pièce à conviction*.
Ex. : Monsieur le juge, je voudrais déposer ce document comme **PIÈCE À CONVICTION**.

ANG

EXHIBIT (2)   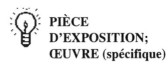 **PIÈCE D'EXPOSITION; ŒUVRE (spécifique)**

 Objet présenté dans une exposition.

Anglicisme à remplacer par *pièce d'exposition*.
Ex. : Il a été fasciné par une **PIÈCE D'EXPOSITION**.

Parfois, lorsqu'il s'agit d'exposition artistique, le mot
œuvre peut remplacer « exhibit ».
Ex. : L'exposition de ce peintre comprend une centaine
d'**ŒUVRES**.

ANG

 EXONÉRER DE TOUT BLÂME   **INNOCENTER; DISCULPER**

 Déclarer non coupable.

Impropriété. Le verbe *exonérer* ne s'applique qu'aux
charges financières. À remplacer par *innocenter, disculper*.
Ex. : Ce témoignage l'**A INNOCENTÉ**. L'entreprise **A
ÉTÉ DISCULPÉE** des accusations qui pesaient contre
elle.

IMP

 EXONÉRER : Décharger de l'obligation de payer.
Ex. : Les paroisses sont exonérées d'impôts.

 EXTENSION    **FIL DE RALLONGE; RALLONGE**

 Fil électrique qu'on ajoute au fil de branchement.

De l'anglais *extension cord*. Le terme correct est *fil de
rallonge* ou simplement *rallonge*.
Ex. : Il fallait ajouter une **RALLONGE** de 3 mètres pour
passer l'aspirateur dans la voiture.

V. aussi LAMPE À EXTENSION

ANG IMP

EXTENSION : Action d'étendre et son résultat.
Ex. : Ce mot a connu bien des extensions de sens.

F

 FAIRE TOUT EN SON
POSSIBLE

 **FAIRE TOUT SON
POSSIBLE; FAIRE
TOUT EN SON
POUVOIR**

 Faire tout ce qu'on peut pour atteindre un but.

Confusion de construction attribuable au voisinage de deux
expressions synonymes et de structure semblable.
Respecter les expressions consacrées.
Ex. : Je **FERAI TOUT MON POSSIBLE** pour que vous
ayez cet emploi. Je **FERAI TOUT EN MON POUVOIR**
pour vous dispenser de cette corvée.

COC

 FAUSSES
REPRÉSENTATIONS

 **DÉCLARATIONS
MENSONGÈRES;
ALLÉGATIONS
MENSONGÈRES**

 Affirmations contraires à la vérité afin d'en tirer des
avantages.

Il est d'usage au Canada de traduire *false pretenses* par
« fausses représentations ». Le mot *représentation* est
impropre dans cet emploi. Le plus souvent, il s'agit de
déclarations, mais on applique parfois cette expression aux
arguments fallacieux d'un vendeur, d'un promoteur. À
corriger.
Ex. : L'assuré qui fait des **DÉCLARATIONS
MENSONGÈRES** peut être privé de son indemnité. Ce
promoteur immobilier a attiré les petits épargnants par ses
ALLÉGATIONS MENSONGÈRES.

IMP ANG

82

 FILIÈRE  **CLASSEUR**

 Meuble à tiroirs servant au classement de documents.

Impropriété, probablement inspirée de l'anglais *filing cabinet*. Le terme correct est **classeur**.
Ex. : Ranger un document dans une chemise du **CLASSEUR**.

Classeur se dit aussi correctement d'un portefeuille où l'on classe des papiers.
Ex. : Un **CLASSEUR** à anneaux.

IMP ANG

 FILIÈRE : Suite de démarches permettant d'arriver à un but.
Ex. : L'inspecteur a suivi la filière normale pour mettre la fraude au jour.

 FINAL **IRRÉVOCABLE; DÉFINITIF; FERME**

 Sur quoi on ne revient pas.

En français, le mot *final* n'a pas ce sens. À remplacer par le mot juste selon le contexte.
Ex. : Ma décision est **IRRÉVOCABLE**. Réfléchis, car il s'agit d'une vente **FERME**.

V. aussi VENTE FINALE

IMP ANG

 FINAL : Qui arrive à la fin.
Ex. : Un point final.

 FOCUSSER  **SE CENTRER SUR; SE FOCALISER SUR; SE CONCENTRER SUR**

Concentrer son attention sur quelque chose.

Acquisition récente de la famille des anglicismes, inspirée de *to focus*, qui signifie proprement mettre au foyer. Emprunt inesthétique et superflu.
Ex. : Il **SE CENTRE** toujours **SUR** ses propres besoins.

ANG

FORGER UNE
SIGNATURE

 **CONTREFAIRE
UNE SIGNATURE**

 Imiter la signature de quelqu'un frauduleusement.

L'usage impose l'emploi de ***contrefaire*** en ce sens.
Ex. : C'est un faussaire fort habile qui excelle à
CONTREFAIRE LES SIGNATURES.

COC ANG

 FRAPPER UN
OBSTACLE

 **HEURTER UN
OBSTACLE**

 Donner accidentellement contre un obstacle.

Frapper se dit d'une action intentionnelle. On évitera donc
de l'utiliser pour parler des collisions où un véhicule
percute un obstacle ou un autre véhicule. **Heurter** semble le
terme le plus courant pour décrire cette situation.
Ex. : Sa voiture **A HEURTÉ** un arbre. Les deux voitures
SE SONT HEURTÉES de plein fouet.

L'expression « frapper un nœud », de l'anglais *to hit a
snag*, tient de la même impropriété et doit se remplacer par
tomber sur un os.

IMP COC

 FRAPPER : Toucher fortement et volontairement
quelqu'un ou quelque chose.
Ex. : Elle ne voulait pas frapper son enfant.

 FUNÉRAILLES
D'ÉTAT

**FUNÉRAILLES/
OBSÈQUES
NATIONALES;
FUNÉRAILLES
OFFICIELLES**

Cérémonie funèbre patronnée par l'État pour rendre
hommage à un défunt éminent qui a particulièrement mérité
de la patrie.

L'usage a consacré en français l'expression ***funérailles/
obsèques nationales***. On rencontre aussi, quoique moins
fréquemment, l'expression ***funérailles officielles***.

V. aussi DÎNER D'ÉTAT

COC ANG

G

 GAZ  **ESSENCE**

Carburant extrait du pétrole et servant à faire marcher des moteurs.

Impropriété due à l'anglais *gas*. Dans le commerce, ce terme est remplacé par *essence*.
Ex. : Un poste d'**ESSENCE**; faire le plein d'**ESSENCE**; **ESSENCE** super ou ordinaire.

L'usage de ce terme impropre subsiste dans quelques expressions populaires : « donner du gaz » (accélérer); « gazer » (faire le plein d'essence).

IMP ANG

 GAZ : Corps à l'état gazeux dans des conditions normales.
Ex. : L'oxygène et l'hydrogène sont des gaz.

 GLOBAL  **MONDIAL**

Relatif à la terre envisagée dans sa totalité.

Anglicisme. Lui substituer *mondial*.
Ex. : La pollution **MONDIALE** suscite bien des inquiétudes.

V. aussi GLOBALISATION

ANG IMP

 GLOBAL : Total, entier.
Ex. : Une solution globale.

GLOBALISATION  **MONDIALISATION**

 Extension d'un phénomène à l'échelle du monde entier.

Anglicisme. Lui substituer *mondialisation*.
Ex. : La traduction acquiert une importance nouvelle du fait de la **MONDIALISATION** des marchés.

V. aussi GLOBAL

ANG IMP

 GLOBALISATION : Réunion en un tout, en un bloc.
Ex. : Par la globalisation de ses revendications, le syndicat espère gagner du temps à la table des négociations.

 GRADUATION **COLLATION DES GRADES; REMISE DES DIPLÔMES**

 Au niveau universitaire, cérémonie au cours de laquelle on remet les diplômes, attestent les grades; aux autres niveaux, cérémonie où l'on remet les diplômes à leur titulaire.

Impropriété due à l'anglais *graduation*. À remplacer par *collation des grades* ou *remise des diplômes*.
Ex. : Le discours du recteur à la **COLLATION DES GRADES**. La **REMISE DES DIPLÔMES** au cégep aura lieu à 16 h.

On emploie aussi *graduation*, toujours sous l'influence de l'anglais, pour désigner la fin des études secondaires.

V. aussi BAL DE GRADUATION

IMP ANG

GRADUATION : Action de marquer des degrés en vue de mesurer.
Ex. : La graduation d'un thermomètre.

GRADUÉ 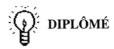 **DIPLÔMÉ**

Personne qui reçoit un diplôme d'une maison d'enseignement.

L'emploi de *gradué* pour désigner le détenteur d'un grade universitaire est un usage vieilli. Le sens générique qu'on donne à ce terme est emprunté à l'anglais. Il vaut mieux s'en tenir au mot *diplômé*.
Ex. : Il est **DIPLÔMÉ** de l'Université Laval. L'amicale des **DIPLÔMÉS** de 1982.

IMP ANG ARC

 GRADUÉ : Marqué de degrés.
Ex. : Une éprouvette graduée.

 GRAVELLE  **GRAVIER**

Mélange de sable et de petits cailloux dont on recouvre les routes de campagne.

Impropriété due à la présence de *gravel* en anglais. Le terme correct est *gravier*.
Ex. : Il déteste conduire sur les routes de **GRAVIER**.

IMP ANG

GRAVELLE : Calculs rénaux (usage vieilli).

88

GROSSIÈRE
INDÉCENCE

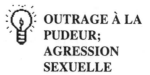

OUTRAGE À LA
PUDEUR;
AGRESSION
SEXUELLE

Délit résultant d'un acte sexuel contraire aux bonnes
mœurs.

Calque de l'anglais *gross indecency.* Ce terme n'a plus
officiellement cours. Le délit ainsi désigné correspond en
français à ***outrage à la pudeur*** ou à ***agression sexuelle***, s'il
y a eu un contact sexuel imposé à quelqu'un.
Ex. : Il a été accusé d'**OUTRAGE À LA PUDEUR** pour
avoir commis un acte sexuel dans un lieu public. Un
gardien de l'établissement a été accusé d'**AGRESSION
SEXUELLE** à l'endroit des enfants dont il avait la garde.

ANG IMP

INDÉCENCE : Écart à la modestie ou aux bonnes
manières.
Ex. : Elle trouvait qu'il y avait indécence à porter un
décolleté aussi audacieux.

H

HEURES D'AFFAIRES **HEURES D'OUVERTURE**

Heures pendant lesquelles est ouvert un établissement commercial.

Calque de l'anglais *business hours*. L'usage a imposé en français *heures d'ouverture*.
Ex. : Nos **HEURES D'OUVERTURE** en semaine comme le dimanche sont de 9 h à 17 h.

ANG COC

HORS COUR **À L'AMIABLE; EXTRAJUDICIAIRE**

Se dit du règlement d'un litige en dehors des tribunaux.

De l'anglais *out of court*. Si le litige n'a fait l'objet d'aucune procédure judiciaire, « hors cour » est remplacé par *à l'amiable*.
Ex. : Plutôt que de recourir aux tribunaux, les parties se sont entendues **À L'AMIABLE**.

Si les tribunaux ont déjà été saisis du litige, mais que les parties s'entendent en dehors du cadre juridictionnel, on emploie *extrajudiciaire*.
Ex. : La plainte a été retirée puisqu'il y a eu entente **EXTRAJUDICIAIRE**.

ANG

HORS D'ORDRE (1) **IRRECEVABLE; CONTRAIRE AU RÈGLEMENT; NON PERTINENT**

 Dans une assemblée délibérante, se dit d'une question qui ne peut être admise à discussion.

Pour indiquer qu'une question ne peut être discutée, « hors d'ordre » n'est pas une expression reçue. L'équivalent le plus juste est *irrecevable*.

Ex. : Monsieur le président, cette question est **IRRECEVABLE**.

IMP

 HORS D'ORDRE (2) **EN DÉRANGEMENT; DÉFECTUEUX; EN PANNE**

 Inscription servant à indiquer qu'un appareil ou une installation n'est plus en état de fonctionner ou de servir.

Calque de l'anglais *out of order*. À remplacer par les expressions convenues.

Ex. : Ascenseur **EN DÉRANGEMENT**; évier **DÉFECTUEUX**; auto **EN PANNE**.

IMP ANG

HUILE  **PÉTROLE; MAZOUT**

Huile minérale naturelle à base d'hydrocarbures.

Sous l'influence de l'anglais *oil*, on tend à utiliser en français le terme générique *huile* à toutes les sauces. Notamment lorsqu'il s'agit de la notion décrite ci-dessus, le terme *pétrole* s'impose en français.

Ex. : Un puits de **PÉTROLE**, une lampe à **PÉTROLE**.

L'expression « huile de/à chauffage » se remplace par *mazout* plutôt que par *fuel* ou *fioul*.

Ex. : Remplir le réservoir de **MAZOUT** avant l'hiver.

IMP ANG

 HUILE : Corps gras liquide d'origine végétale, minérale ou animale.

Ex. : Une salade assaisonnée à l'huile d'olive.

I

 IL ME FAIT PLAISIR  **J'AI LE PLAISIR**

 Formule utilisée par un locuteur pour manifester l'agrément qu'il éprouve à faire quelque chose.

Le tour « il me fait plaisir » n'est pas attesté en français. On lui préfère la forme personnelle *j'ai le plaisir*.
Ex. : **J'AI LE PLAISIR** de vous présenter votre prochain premier ministre.

COC

 IMPRESSION *Voir* ÊTRE SOUS L'IMPRESSION

INCENDIE SOUS CONTRÔLE  **INCENDIE MAÎTRISÉ; INCENDIE CIRCONSCRIT**

 Incendie qui cesse de progresser, de s'étendre.

Il faut remplacer ce tour douteux par les équivalents proposés ci-dessus.
Ex. : L'**INCENDIE** est **MAÎTRISÉ** depuis une heure.
D'après les sapeurs, l'**INCENDIE** de forêt a été **CIRCONSCRIT** à une dizaine de kilomètres de la ville.

V. aussi SOUS CONTRÔLE

ANG

INCIDEMMENT

 SOIT DIT EN PASSANT; SOIT DIT ENTRE PARENTHÈSES

Charnière servant à marquer le caractère accessoire d'un énoncé par rapport à l'ensemble du discours.

L'adverbe *incidemment* ne peut remplir cette fonction. On le remplacera par une expression appropriée.
Ex. : M. Genest, qui, **SOIT DIT EN PASSANT**, a remporté le concours d'orthographe, est un instituteur de premier ordre.

IMP ANG

INCIDEMMENT : Accessoirement, par accident.
Ex. : Nommer incidemment quelqu'un.

INDIVIDU

 **PERSONNE**

Membre de l'espèce humaine.

Attention à la nuance péjorative que le mot *individu* peut prendre dans la langue courante. Si le contexte sociologique n'est pas clair, on lui préférera *personne*.
Ex. : Il s'agit d'une **PERSONNE** dans la trentaine, qui s'exprime avec aisance et se plaît en bonne compagnie.

IMP

INDIVIDU (sens péjoratif) : Personne quelconque, souvent peu recommandable.
Ex. : Les policiers ont arrêté un individu à la suite du vol.

INITIER **ENGAGER;
ENTREPRENDRE;
AMORCER;
INSTAURER**

 Prendre l'initiative de quelque chose.

Anglicisme consigné au *Nouveau Petit Robert* (1993). Pour ceux qui répugnent à cet emprunt inutile, il est toujours possible de lui substituer les verbes français *engager, entreprendre, amorcer, instaurer* selon les contextes.
Ex. : L'ONU **ENGAGE** des pourparlers de paix.
INSTAURER une enquête. **AMORCER** une nouvelle orientation.

ANG IMP

 INITIER : Admettre à un savoir secret; être le premier à instruire quelqu'un.
Ex. : Il a été initié aux Chevaliers de Colomb.

 INSISTER QUE **INSISTER POUR
QUE; INSISTER SUR**

Affirmer avec force.

Ce verbe ne peut se construire avec une complétive directe. Il faut tourner la phrase autrement.
Ex. : J'**INSISTE POUR QU**'il vienne. La ministre **A INSISTÉ SUR** la nécessité de réformer l'enseignement collégial.

SYN

 IRRÉCONCILIABLES   *Voir* OPINIONS
IRRÉCONCILIABLES;
POSITIONS
IRRÉCONCILIABLES

ITEM

**RUBRIQUE;
ARTICLE; POSTE**

Élément d'un compte; point d'un ordre du jour; division d'un budget.

L'emploi d'*item* en français est réservé à quelques usages techniques. Il ne peut remplacer les mots **rubrique, article, poste**.
Ex. : Il y a dix **ARTICLES** à l'ordre du jour. La commande comprend dix **ARTICLES**. Les dix **POSTES** du budget qui couvrent les dépenses de publicité.

IMP ANG

ITEM : En linguistique, élément isolable d'un ensemble organisé. En comptabilité, adverbe évitant la répétition dans un compte.

J

JETER LA SERVIETTE  **JETER L'ÉPONGE**

Démissionner, renoncer à poursuivre un travail, une mission.

L'anglais pense « serviette » *(to throw in the towel)*; le français pense « éponge ».
Ex. : Après huit années de vie politique, Bouchard **JETTE L'ÉPONGE**.

ANG COC

L

  LAMPE À EXTENSION  **BALADEUSE**

Lampe électrique grillagée et munie d'un long fil qui permet de la déplacer selon les besoins.

Calque de l'anglais *extension lamp*, à remplacer par le terme propre.

Ex. : Il avait besoin d'une **BALADEUSE** pour faire les réparations sous le capot de la voiture.

V. aussi EXTENSION

ANG

 LÉGAL (1)  **JURIDIQUE**

Qui concerne les questions de droit.

Il ne faut pas confondre *légal* et *juridique*. Une personne ne peut être « légale ».

Ex. : Conseiller **JURIDIQUE**; secrétaire **JURIDIQUE**.

V. aussi AVISEUR LÉGAL, LÉGAL (2)

ANG IMP

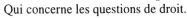

  LÉGAL (2)  **JUDICIAIRE**

Relatif à la justice et à son administration.

Ex. : Les poursuites **JUDICIAIRES** auxquelles il s'est exposé lui ont été très onéreuses.

V. aussi LÉGAL (1)

ANG IMP

 LÉGAL : Conforme à la loi.

Ex. : Le notaire a respecté toutes les prescriptions légales pour assurer la validité du contrat.

98

 LEVÉE DE FONDS    **CAMPAGNE DE SOUSCRIPTION**

 Collecte massive d'argent pour une bonne œuvre ou pour réaliser un projet.

Calque probable de *fund raising campaign*. L'expression correcte est **campagne de souscription**.
Ex. : Il est président de la campagne de souscription en faveur de l'hôpital Sainte-Justine.

ANG

 LIBERTÉ ACADÉMIQUE    **LIBERTÉ D'ENSEIGNEMENT**

 Droit d'enseigner sans interventions indues de la part des pouvoirs en place.

Emploi impropre d'*académique*.
Ex. : Les professeurs tiennent à la **LIBERTÉ D'ENSEIGNEMENT**.

V. aussi ACADÉMIQUE

ANG IMP

 LIGNE OUVERTE    **TRIBUNE TÉLÉPHONIQUE**

Émission de radio, plus rarement de télévision, où le public est appelé à donner son opinion par téléphone.

Calque de l'anglais *open line*. L'expression reçue en français est **tribune téléphonique**.
Ex. : Certains groupes de pression mobilisent leurs membres pour les faire participer aux **TRIBUNES TÉLÉPHONIQUES**.

ANG

LIQUEUR **BOISSON GAZEUSE; SODA**

 Boisson gazéifiée additionnée d'un sirop.

L'emploi de *liqueur* en ce sens est impropre. Lui substituer les expressions précitées.
Ex. : Le **SODA** à l'orange est bien désaltérant.

IMP

 LIQUEUR : Boisson sucrée à base d'alcool.
Ex. : La crème de menthe est une liqueur appréciée.

 LOCAL **POSTE**

 Appareil téléphonique relié à un réseau interne.

De l'anglais *local*. À remplacer par *poste*.
Ex. : Vous pouvez me joindre au **POSTE** 3207. Il y a trois **POSTES** où vous pouvez le joindre : le 117, le 143 et le 1154.

ANG IMP

 LOCAL : Pièce à usage déterminé.
Ex. : Le local de la photocopie.

 LOCALISÉ *Voir* ÊTRE LOCALISÉ

 LOCATION **ENDROIT; LIEU; EMPLACEMENT**

 Portion d'espace affectée à un usage déterminé.

De l'anglais *location*. À remplacer par le terme propre.
Ex. : Ce coin de rue est un mauvais **EMPLACEMENT** pour ce commerce. Il y a des succursales à trois **ENDROITS**. Il faut déterminer le **LIEU** de l'accident.

V. aussi RELOCALISER, ÊTRE LOCALISÉ

ANG IMP

 LOCATION : Action de donner ou de prendre à loyer.
Ex. : Une location à bail.

LOGER UN APPEL　　 **INTERJETER APPEL; FAIRE APPEL (D'UN JUGEMENT); EN APPELER DE**

 Demander à une instance supérieure de casser une décision.

L'influence de l'expression anglaise *to lodge an appeal* nous fait oublier les expressions françaises usuelles.
Ex. : Les avocats de l'accusé ont décidé d'**INTERJETER APPEL**. Il veut **FAIRE APPEL** du jugement rendu contre lui. Je vais **EN APPELER DE** cette décision injuste.

V. aussi ALLER EN APPEL

ANG COC

 LOGER UN APPEL TÉLÉPHONIQUE　　 **DEMANDER LA COMMUNICATION; FAIRE UN APPEL**

 Chercher à communiquer avec quelqu'un par téléphone.

L'expression anglaise *to lodge a call* ne peut se traduire littéralement. Utiliser l'expression française correspondante.
Ex. : J'**AI DEMANDÉ LA COMMUNICATION** vers 21 h. Il **A FAIT TROIS APPELS** au cours de la soirée.

ANG COC

 LOGER UN GRIEF　　 **DÉPOSER UN GRIEF; FAIRE UNE RÉCLAMATION**

 Se plaindre officiellement d'une contravention à une convention collective.

L'expression anglaise *to lodge a grievance* ne peut être traduite littéralement. On aura recours aux expressions proposées.
Ex. : Il **A DÉPOSÉ UN GRIEF** parce que son contremaître lui interdisait de prendre sa pause café. Avant de **FAIRE UNE RÉCLAMATION**, il faut s'assurer que le motif en est bien fondé.

ANG COC

LOGER UNE PLAINTE  **DÉPOSER UNE PLAINTE; PORTER PLAINTE**

 Protester officiellement auprès de l'autorité compétente.

L'influence de l'anglais *to lodge a complaint* nous fait oublier les tours usuels en français.

Ex. : Les voyageurs **ONT DÉPOSÉ UNE PLAINTE** auprès du tribunal en raison des inconvénients que la grève illégale leur a occasionnés. S'il fallait **PORTER PLAINTE** chaque fois qu'on se sent lésé, on n'en finirait pas.

ANG COC

 LONGUE **À LONGUEUR DE**

 Adjectif utilisé pour marquer l'absence de discontinuité au cours d'une période.

On emploiera plutôt la locution prépositive *à longueur de*. Ex. : Elle est en vacances **À LONGUEUR D**'année. Il fréquente la taverne **À LONGUEUR DE** semaine.

On évitera les tours « à la journée longue », « à l'année longue », « à la semaine longue ».

SYN ANG

 LUTTE À FINIR  **LUTTE IMPLACABLE**

 Combat qui prend fin avec l'élimination de l'adversaire. Au figuré, rivalité extrêmement forte.

Calque probable de *fight to the finish*. À remplacer par *lutte implacable*.
Ex.: Les candidats se livrent une **LUTTE IMPLACABLE**.

ANG

M

 MAIN
D'APPLAUDISSEMENTS 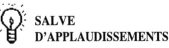 **SALVE
D'APPLAUDISSEMENTS**

 Applaudissements vigoureux et enthousiastes.

Le mot anglais *hand* peut signifier applaudissements, mais non le mot français *main*. ***Salve*** est le mot à utiliser.
Ex. : Une **SALVE D'APPLAUDISSEMENTS** a accueilli l'artiste à son arrivée.

V. aussi DONNER UNE BONNE MAIN D'APPLAUDIS-SEMENTS

ANG

 MANQUER
QUELQU'UN  **MANQUER
À QUELQU'UN**

S'ennuyer de quelqu'un, regretter vivement son absence.

Attention à l'anglicisme de syntaxe qui copie la structure anglaise. *To miss somebody*, c'est s'ennuyer de quelqu'un, mais en français la personne dont on s'ennuie devient sujet du verbe ***manquer*** et la personne qui s'ennuie devient son complément d'objet indirect.
Ex. : Depuis votre départ, vous **ME MANQUEZ** beaucoup.

ANG SYN

MANUFACTURE USINE

 Établissement industriel où l'on fait du travail en série.

Impropriété. Ne pas confondre *manufacture* et **usine**.
Ex. : Les **USINES** de GM seront fermées tant que le nouveau modèle de voiture ne sera pas au point.

IMP ANG

MANUFACTURE : Établissement industriel où prédomine le travail à la main.
Ex. : La manufacture des porcelaines fines.

 MANUFACTURIER  **FABRICANT; CONSTRUCTEUR**

 Industriel fabriquant des objets en série.

Contrairement à l'anglais *manufacturer*, le terme français *manufacturier* a conservé un sens plus près de son étymologie (du latin *manus* : main). Lorsqu'il s'agit de production en série, on utilise plutôt *fabricant* (pour des objets) et *constructeur* (pour des machines d'une certaine complexité).
Ex. : Un **FABRICANT** de tissus; un **CONSTRUCTEUR** d'automobiles.

IMP ANG

 MANUFACTURIER : Propriétaire d'une manufacture. (*Voir* ce mot.)

MARIER QUELQU'UN  **SE MARIER AVEC QUELQU'UN**

 Prendre en mariage, épouser.

Le verbe *marier* n'a pas le même sens si on le construit transitivement ou intransitivement. Au sens d'épouser, il faut le construire à la voix pronominale avec un complément d'accompagnement.
Ex. : Elle **SE MARIE AVEC** Gérard dans trois semaines.
« Je ne veux pas, dit-elle, **ME MARIER AVEC** lui. »

SYN

 MARIER QUELQU'UN : Donner en mariage.
Ex. : Charles marie sa fille samedi.

 MATÉRIEL  **TISSU; ÉTOFFE**

Pièce de fibres textiles servant à la confection de vêtements.

Le mot anglais *material* peut avoir ce sens, non le mot français *matériel*. On le remplace par les mots précités.
Ex. : Acheter un beau **TISSU**. Son manteau est fait d'une **ÉTOFFE** chaude et épaisse.

ANG IMP

MATÉRIEL : Ensemble d'objets nécessaires à la réalisation de quelque chose.
Ex. : Un matériel de peinture.

MEMBERSHIP  **EFFECTIF**

Ensemble de personnes membres d'un parti ou d'une association.

Emprunt abusif : la notion est déjà nommée en français.
Ex. : Le parti voit grossir son **EFFECTIF** grâce à un recrutement dynamique.

Ce mot s'emploie aussi au pluriel pour désigner le nombre de personnes nécessaires à une intervention ou à l'exploitation d'une entreprise.
Ex. : Avec des **EFFECTIFS** réduits, la production est restée au même niveau.

ANG

MÊME À CELA **MÊME ALORS; MÊME DANS CE CAS; MALGRÉ CELA; ET POURTANT**

Locution concessive marquant le maintien d'une réserve en dépit des arguments allégués à son encontre.

Calque de l'expression anglaise *even at that*. À remplacer par les expressions proposées.
Ex. : Il est vrai qu'elle a bien réussi l'examen; **ET POURTANT** je ne serais pas enclin à lui offrir ce poste.

ANG SYN

 MÉPRIS DE COUR  **OUTRAGE AU TRIBUNAL**

 Action ou omission jugée injurieuse envers un tribunal ou un magistrat.

Calque de l'anglais *contempt of court*. Dans la langue juridique, on distingue sous cette appellation différents types de délits. Pour les besoins de la langue courante, il suffit le plus souvent de rendre le terme anglais par *outrage au tribunal*.
Ex. : Le juge l'a condamné pour **OUTRAGE AU TRIBUNAL**.

ANG

 MÉRITE *Voir* AU MÉRITE

METTRE À DATE  **METTRE À JOUR; TENIR À JOUR**

 Action de compléter un document, un fichier, des dossiers par les dernières données disponibles.

Probablement inspirée de l'anglais *to update*, cette expression n'est pas reçue en français.
Ex. : Mettre un compte **À JOUR**. Elle tient les livres comptables **À JOUR**.

V. aussi À DATE

IMP ANG

108

 METTRE L'EMPHASE
SUR

 **METTRE L'ACCENT
SUR; INSISTER SUR**

Insister fortement sur quelque chose, lui accorder une
grande importance.

De l'anglais *to put the emphasis on*. En français, on
emploie les expressions ***mettre l'accent sur, insister sur***.
Ex. : Dans son dernier budget, le ministre **A MIS
L'ACCENT SUR** les compressions. Elle a **INSISTÉ
SUR** ses réalisations.

ANG COC

 MINUTES

 **PROCÈS-VERBAL;
COMPTE RENDU**

Rapport contenant les délibérations d'une réunion.

Cet anglicisme est en voie de disparition, mais on le
rencontre encore parfois dans l'usage non officiel. Il faut
distinguer le procès-verbal du compte rendu. Le premier est
un document officiel. Le second n'a qu'une valeur
officieuse.

ANG IMP

 MINUTES : Originaux des actes notariés.

 MISE EN
NOMINATION

 **MISE EN
CANDIDATURE**

Dans le vocabulaire électoral, action de désigner quelqu'un
comme candidat.

Il ne faut pas confondre *nomination* et ***candidature***. La
candidature, c'est la reconnaissance de l'état de candidat
d'une personne qui postule un poste. Lorsqu'un parti
politique choisit un candidat, on dit que ce candidat a reçu
l'investiture de son parti.

V. aussi ASSEMBLÉE DE MISE EN NOMINATION,
NOMINATION POUR UN PRIX

IMP

 NOMINATION : Désignation effective d'une personne à
un poste, à une dignité.
Ex. : Il sera le nouveau chef du service; il a sa nomination
en poche.

MODÉRATEUR  **ANIMATEUR**

 Personne qui dirige la discussion dans un débat. En anglais, on dit *moderator*; en français, l'usage a consacré **animateur**.
Ex. : Il sera l'**ANIMATEUR** de la table ronde.

ANG IMP

 MOI POUR UN  **POUR MA PART; QUANT À MOI**

 Formule servant à mettre en relief une opinion personnelle.

Calque de la formule anglaise *I for one*. À remplacer par les tours idiomatiques convenables.
Ex. : **POUR MA PART**, je me dissocie de toute attitude raciste. **QUANT À MOI**, je ne voterai pas pour ce candidat.

ANG SYN

 MOINS PIRE **MOINS MAUVAIS**

Pire étant lui-même un comparatif, on ne saurait le modifier par *plus* ou *moins*.
Ex. : La photo était **MOINS MAUVAISE** que l'original.

On ne peut, non plus, utiliser la négation avec un comparatif sans complément. « C'est pas pire » devrait être corrigé par ***C'est (ce n'est) pas mal***.

V. aussi PAS PIRE, PLUS PIRE

SYN

MOIS DE
CALENDRIER

 **MOIS CIVIL**

 Période correspondant aux douze divisions de l'année. À distinguer du mois légal, qui comprend une durée fixe de trente jours.

« Mois de calendrier » apparaît comme un calque de *calendar month*. On le remplacera par l'expression correcte ***mois civil***.

Ex. : Il faut avoir travaillé six **MOIS CIVILS** pour avoir droit à ce privilège.

V. aussi ANNÉE DE CALENDRIER, SEMAINE DE CALENDRIER

ANG

MONTER SUR
LE BANC

 ACCÉDER À LA MAGISTRATURE

Être nommé juge.

Dans la langue juridique anglaise, le mot *bench* désigne par métonymie le tribunal, la magistrature. Le mot français *banc* ne connaît pas cette extension.

Ex. : Il n'avait que trente-sept ans quand il **A ACCÉDÉ À LA MAGISTRATURE**.

V. aussi SUR LE BANC

ANG

MOUSSER

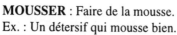 **FAIRE VALOIR; METTRE EN ÉVIDENCE; VANTER**

Exposer d'une façon très avantageuse les mérites de quelqu'un ou les qualités d'un produit.

Mousser ne s'emploie pas absolument en ce sens en français. Dans la langue officielle ou en style soutenu, on emploie les équivalents proposés ci-dessus.

Ex. : Il **A VANTÉ** son candidat.

Dans la langue familière, on trouve cependant *faire mousser*.

IMP

MOUSSER : Faire de la mousse.
Ex. : Un détersif qui mousse bien.

NEZ À NEZ ⎯ À ÉGALITÉ

Se dit de candidats ou de concurrents ex æquo.

Impropriété. *Nez à nez* ne signifie pas ex æquo. À remplacer par *à égalité*.
Ex. : D'après les sondages, Murtin et Foster sont À ÉGALITÉ dans la faveur populaire.

IMP

NEZ À NEZ : Face à face.
Ex. : À la sortie, nous nous sommes trouvés nez à nez.

NOM DE JOUR suivi de LE et d'un QUANTIÈME ⎯ **LE suivi d'un NOM DE JOUR et d'un QUANTIÈME**

Façon d'indiquer la date accompagnée du nom du jour de la semaine.

En français, l'article doit précéder le nom du jour de la semaine et non le quantième.
Ex. : **LE MARDI 10** février (et non « mardi le 10 février »).

SYN

NOMINATION POUR UN PRIX ⎯ **SÉLECTION POUR UN PRIX**

Étape préliminaire où sont retenues les candidatures les meilleures en vue de l'obtention d'un prix.

En dépit de l'usage grandissant de cette impropriété et de la caution du *Robert*, il reste que le caractère définitif de *nomination* se prête mal à cet emploi.
Ex. : Ce film fait partie des **SÉLECTIONS POUR LE CÉSAR** du meilleur film.

V. aussi MISE EN NOMINATION

IMP

NUMÉRAL suivi de
PLUS

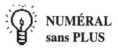 **NUMÉRAL
sans PLUS**

 Façon d'indiquer un ordre de classement par rapport à un
critère donné.

Syntaxe anglaise. Éviter d'employer des expressions telles
que « la troisième plus grande ville » ou « le troisième plus
gros accident ». Souvent l'indication du numéral ordinal
suffit.
Ex. : Mexico est la plus grande ville du monde; New York
est la **TROISIÈME**.

Si le contexte n'est pas clair, on précise le critère du
classement.
Ex. : Winnipeg est la **DEUXIÈME** ville du monde pour
l'entreposage des céréales.

SYN ANG

 NUMÉRO CIVIQUE  **NUMÉRO**

 Élément d'une adresse qui indique l'emplacement exact
d'une maison dans une rue.

Le mot français *civique* n'a pas les sens du mot anglais
civic. L'emploi de *civique* est ici superflu. S'il y a risque de
confusion entre le numéro de l'immeuble et celui de
l'appartement, on précisera le cas échéant.
Ex. : Le 240 est le **NUMÉRO** de l'immeuble, non celui de
l'appartement. La municipalité exige que chaque adresse ait
son **NUMÉRO** dûment enregistré.

V. aussi CIVIQUE

IMP ANG

CIVIQUE : Relatif au citoyen.
Ex. : Les devoirs civiques.

O

 OBJECTER   *Voir* S'OBJECTER

OBSERVATION   *Voir* ÊTRE SOUS
                      OBSERVATION

 OCCUPATION    **PROFESSION**

Travail exercé en vue d'assurer sa subsistance.

Occupation a un sens très large en français. Quand on veut désigner l'activité par laquelle on gagne sa vie, on emploie en français *profession*.
Ex. : Donnez vos nom et **PROFESSION**. Cette appellation n'est pas réservée aux **PROFESSIONS** libérales.

IMP ANG

 OCCUPATION : Ce à quoi on passe son temps.
Ex. : La collection des timbres est pour lui une occupation agréable.

 OCTROI    **SUBVENTION**

Aide financière, généralement accordée par l'État, à un organisme ou à un projet.

Octroi n'a pas ce sens en français. Le terme juste est **subvention**.
Ex. : Elle a reçu une **SUBVENTION** pour organiser un refuge pour femmes battues.

IMP

 OCTROI : Action d'accorder quelque chose.
Ex. : L'octroi de ce privilège frise le favoritisme.

OFFENSE  INFRACTION;
DÉLIT; CRIME

 Violation de la loi.

Anglicisme. Lui substituer le terme propre en français.
L'infraction est une violation sans gravité, le délit est plus
sérieux et le crime est très grave.
Ex. : L'amende a été forte, car il en était à sa quatrième
INFRACTION. Le vol simple est un **DÉLIT**; il peut
devenir un **CRIME** s'il y a des circonstances
aggravantes.

V. aussi CRIME

ANG IMP

 OFFENSE : Injure, outrage.
Ex. : C'est une offense à mon honneur.

 OPÉRATEUR D'UN
VÉHICULE **CONDUCTEUR
D'UN VÉHICULE**

Personne qui dirige un véhicule en actionnant ses organes
de direction.

Pour les véhicules, l'usage a consacré *conducteur*.
Ex. : Il est **CONDUCTEUR** de camion; elle est
CONDUCTRICE d'autobus.

V. aussi OPÉRER

ANG IMP

 OPÉRATEUR : Personne qui fait fonctionner un appareil
électronique, qui exécute des opérations techniques.
Ex. : Un opérateur de radio; un opérateur de prises de vues.

OPÉRATIONS  **EXPLOITATION**

 Ensemble des activités nécessaires à la marche d'une entreprise.

Le mot français *opérations* est trop précis pour être employé dans ce sens. L'usage a imposé **exploitation**.
Ex. : Il est directeur de l'**EXPLOITATION** à la société Slimco. L'entreprise a cessé son **EXPLOITATION** le 13 du mois dernier.

V. aussi EN OPÉRATION, OPÉRER

ANG IMP

 OPÉRATION : Série d'actes ordonnés à l'obtention d'un résultat.
Ex. : Opérations boursières, militaires.

 OPÉRER **EXPLOITER; FAIRE FONCTIONNER; CONDUIRE**

Faire marcher une entreprise, un véhicule ou utiliser un outil.

Les sens donnés ici au verbe *opérer* appartiennent au verbe anglais *to operate*. Pour une entreprise, on emploie **exploiter**.
Ex. : Elle **EXPLOITE** un petit commerce.

Pour un outil, on utilise **faire fonctionner**.
Ex. : Marius est habile à **FAIRE FONCTIONNER** la scie mécanique.

Pour un véhicule, le terme usuel est **conduire**.
Ex. : Elle **CONDUIT** un autobus.

V. aussi OPÉRATEUR D'UN VÉHICULE, OPÉRATIONS

ANG IMP

 OPÉRER : Accomplir par une suite d'actions ordonnées à un résultat.
Ex. : Opérer une manœuvre difficile.

OPINIONS
IRRÉCONCILIABLES **OPINIONS
INCONCILIABLES**

 Idées qui s'opposent et qu'on ne peut harmoniser.

Il ne faut pas confondre ces deux adjectifs. *Irréconciliable*
se dit principalement de personnes, ***inconciliable*** se dit
surtout d'idées, d'opinions, de points de vue.
Ex. : La direction et le syndicat ont des opinions
INCONCILIABLES en matière de sécurité d'emploi.

V. aussi POSITIONS IRRÉCONCILIABLES.

IMP

 IRRÉCONCILIABLE : Impossible à mettre d'accord.
Ex. : Des ennemis irréconciliables.

ORAGE ÉLECTRIQUE  **ORAGE**

Phénomène météorologique qui produit une pluie
accompagnée d'éclairs.

Sous l'influence de l'anglais *electrical storm*, on sent le
besoin d'étoffer le mot *orage* de l'adjectif *électrique*.
L'orage est toujours accompagné de phénomènes
électriques. L'emploi d'*électrique* est donc superflu.
Ex. : De violents **ORAGES** ont touché la région.

ANG

ORDRE (1)  **COMMANDE**

Action par laquelle on demande un produit ou un service à
un fournisseur. Document à l'aide duquel se fait cette
demande.

En langue commerciale, le mot *ordre* a un sens beaucoup
plus large que ***commande***. On évitera de les confondre.
Ex. : Le réceptionnaire vient de recevoir une
COMMANDE de 160 litres de gouache.

IMP

 ORDRE : Décision entraînant une opération commerciale.
Ex. : Donner un ordre d'achat en Bourse.

ORDRE (2)   *Voir* EN BON ORDRE, EN ORDRE, HORS D'ORDRE, POINT D'ORDRE

 ORIGINER    **PROVENIR**

 Venir de; émaner.

L'emploi d'*originer* en ce sens est critiqué, surtout lorsqu'il s'agit de choses concrètes. Lui substituer ***provenir***.

Ex. : Cette émission **PROVIENT** de Vancouver. Cette lampe **PROVIENT** du Portugal.

ANG IMP

 ORIGINER (rare) : Donner pour origine à.
Ex. : Les sociologues originent souvent les désordres sociaux des inégalités sociales.

 OUVERTURE    **DÉBOUCHÉ; POSSIBILITÉ**

Perspective d'emploi. Possibilité d'écouler un produit.

Le mot anglais *opening* signifie possibilité d'emploi, d'où l'anglicisme. On le remplacera notamment par ***débouché***.
Ex. : C'est un domaine où il y a de nombreux **DÉBOUCHÉS** pour les informaticiens.

ANG IMP

OUVERTURE : Au sens moral, possibilité d'accéder à quelqu'un.
Ex. : On ne peut communiquer avec lui : il ne nous laisse aucune ouverture.

P

 PAMPHLET

 DÉPLIANT; CAHIER;
PROSPECTUS

 Document publicitaire imprimé comprenant plusieurs
feuillets sans reliure ni agrafe.

En anglais, le mot *pamphlet* a ce sens. En français, le mot a
conservé un sens purement littéraire. Cette notion peut être
rendue de plusieurs façons selon le type de document.
Ex. : Demandez notre **DÉPLIANT** à votre agent de
voyage. Consultez le **CAHIER** publicitaire de votre
épicier. Il a distribué un luxueux **PROSPECTUS** vantant
les mérites de son projet.

ANG IMP

 PAMPHLET : Écrit satirique et violent contre une
personne physique ou morale.
Ex. : Les pamphlets antireligieux de Voltaire se voulaient
des réquisitoires contre l'intolérance.

 PANEL

 TRIBUNE

 Groupe de quelques personnes discutant d'une question
sous la direction d'un animateur.

Le mot anglais *panel* peut très bien se rendre par *tribune* en
ce sens.
Ex. : Elle a fait partie de la **TRIBUNE** qui abordait les
questions d'environnement.

ANG

120

 PARADE DE MODES **DÉFILÉ DE MODES; PRÉSENTATION DE COLLECTION**

 Manifestation où des mannequins présentent les dernières créations d'un couturier ou d'un fabricant de vêtements ou les nouveautés vestimentaires d'un magasin.

Parade a surtout un sens militaire en français. On peut généralement le remplacer par *défilé*.
Ex. : Il y a **DÉFILÉ DE MODES** à la maison Dupuis.

Présentation de collection est aussi fréquent, notamment en haute couture.
Ex. : Le couturier Robidoux fait la **PRÉSENTATION DE SA COLLECTION** d'automne.

On évitera l'emploi de *parade* hors du domaine militaire.
Ex. : Le **DÉFILÉ** du Père Noël.

IMP

 PARADE : Défilé militaire. Étalage d'un talent afin de se faire remarquer.
Ex. : Les parades du 1er juillet au manège militaire. Il fait parade de ses dons d'artiste.

 PARTIR UN COMMERCE  **LANCER UN COMMERCE; OUVRIR UN COMMERCE**

Fonder une entreprise commerciale.

Le verbe *partir* est intransitif en français. Il convient de lui substituer des verbes transitifs comme ***lancer, ouvrir***.
Ex. : Le commerce qu'il vient de **LANCER** est déjà prospère. Avant d'**OUVRIR UN COMMERCE**, il faut choisir avec soin son emplacement.

SYN

PAS PIRE  **PAS MAL**

 La négation ne peut s'employer avec un comparatif sans complément exprimé ou sous-entendu.

Rétablir l'adjectif au positif, sans idée de comparaison.
Ex. : Comment trouvez-vous mon travail? **PAS MAL**.

V. aussi MOINS PIRE

SYN

 PASSE (1) **CARTE D'ABONNEMENT**

Titre de transport donnant droit à des déplacements illimités durant sa période de validité.

Anglicisme, de *pass*. À remplacer par l'expression correcte.
Ex. : S'acheter une **CARTE** (d'abonnement) pour voyager dans les transports en commun.

ANG

 PASSE (2)  **LAISSEZ-PASSER**

 Document autorisant la libre circulation de quelqu'un dans un endroit donné.

Anglicisme, de *pass*. À remplacer par le terme correct.
Ex. : Muni de son **LAISSEZ-PASSER**, il s'est introduit dans l'immeuble vers 9 h.

ANG

122

PASSÉ DÛ

ÉCHU; EN
SOUFFRANCE

Se dit d'un compte ou d'une facture dont le délai de
paiement est expiré.

Calque de l'anglais *past due*. À remplacer par les
expressions françaises correctes.
Ex. : Ce compte est **ÉCHU**. Auriez-vous l'obligeance de
l'acquitter dans les meilleurs délais? On lui a confié la
perception de tous les comptes **EN SOUFFRANCE**.

ANG

PASSER DES
REMARQUES

FAIRE DES
OBSERVATIONS;
FAIRE DES
REMARQUES

Formuler des reproches, une réprimande.

Mauvaise association de mots attribuable à l'anglais.
Rétablir la cooccurrence normale en français.
Ex. : Il passe son temps à me **FAIRE DES
OBSERVATIONS**. Ma patronne m'**A FAIT
PLUSIEURS REMARQUES** touchant l'exécution de
mon travail.

ANG COC

PATRONAGE

FAVORITISME;
NÉPOTISME

Faveur accordée indûment à des protégés politiques.

Tel est le sens du mot anglais *patronage*. Le mot propre est
favoritisme, ou *népotisme* lorsqu'il s'agit de faveurs
accordées aux membres de sa famille.
Ex. : Heureusement, le **FAVORITISME** semble en perte
de vitesse dans nos mœurs politiques. En tant que ministre,
il a systématiquement pratiqué le **NÉPOTISME**; tous ses
frères ont obtenu des postes importants.

ANG IMP

PATRONAGE : Protection louable accordée à une
personne physique ou morale.
Ex. : Cette œuvre a reçu le patronage des dignitaires de la
ville.

PAVER UNE ROUTE  **REVÊTIR UNE ROUTE**

Couvrir une route d'un revêtement protecteur : bitume, asphalte, béton, etc.

Paver a conservé son sens premier en français. Il faut le remplacer par ***revêtir*** si la surface de la route n'est pas couverte de pavés.
Ex. : Brossard a fait **REVÊTIR** ses pistes cyclables.

IMP ANG

 PAVER : Recouvrir de pavés.
Ex. : Les rues pavées du Vieux-Montréal.

 PAYEUR DE TAXES **CONTRIBUABLE**

Personne assujettie aux impôts directs ou indirects.

Calque de l'anglais *taxpayer*. L'aspect concret du terme anglais semble séduire politiciens et journalistes, d'où la tendance à le traduire littéralement. Le terme reçu en français correct est ***contribuable***.
Ex. : Les **CONTRIBUABLES** ploient sous le fardeau des taxes et des impôts.

ANG COC

 PENSION *Voir* ÊTRE À SA PENSION

 PERSONNEL ACADÉMIQUE **PERSONNEL ENSEIGNANT**

Partie du personnel d'un établissement qui s'occupe d'enseignement. S'oppose souvent au personnel administratif.

Emploi impropre d'*académique* pour ***enseignant***.
Ex. : Il y a rivalité entre le **PERSONNEL ENSEIGNANT** et le personnel administratif.

V. aussi ACADÉMIQUE

IMP ANG

PERSONNEL
CLÉRICAL

 **PERSONNEL DE
BUREAU**

 Ensemble des personnes qui s'acquittent du travail
d'écriture : secrétaires, commis, etc.

On évitera l'emploi de *clérical* dans ce sens. L'expression
personnel de bureau est l'appellation correcte de cette
catégorie de personnel.

V. aussi CLÉRICAL, ERREUR CLÉRICALE, TRAVAIL
CLÉRICAL

IMP ANG

 CLÉRICAL : Relatif au clergé.

 PHYSIQUE

 **VIGOUREUX;
ÉNERGIQUE; VIRIL**

 Se dit d'une manifestation sportive où les participants
déploient beaucoup d'énergie, ou d'un sportif qui fait
preuve d'une grande robustesse.

Impropriété. Un match « physique » ou un joueur
« physique », cela n'a aucun sens en français. À remplacer
par un adjectif approprié.
Ex. : Le dernier match de la série a été particulièrement
VIGOUREUX. Clermont est un joueur particulièrement
VIRIL.

IMP

 PHYSIQUE : Qui concerne le corps humain.
Ex. : Un malaise physique.

 PIGER

 **PRENDRE AU
HASARD; PUISER**

 Choisir au hasard dans un lot. Tirer de.

Acception inconnue du français général. Usage régional
toutefois intéressant qui permet un énoncé concis.

IMP

 PIGER (familier) : Comprendre.
Ex. : Il met du temps à piger ce qu'on lui explique.

PISTE ET PELOUSE  **ATHLÉTISME**

Famille de sports comprenant notamment la course, les sauts, les divers types de lancers.

Calque de l'anglais *track and field*. À remplacer par l'expression correcte.
Ex. : Les compétitions d'**ATHLÉTISME** se dérouleront cet après-midi.

ANG

PLAISIR   *Voir* IL ME FAIT PLAISIR

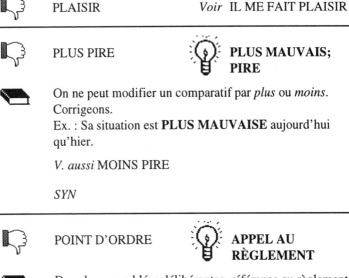

PLUS PIRE **PLUS MAUVAIS; PIRE**

On ne peut modifier un comparatif par *plus* ou *moins*. Corrigeons.
Ex. : Sa situation est **PLUS MAUVAISE** aujourd'hui qu'hier.

V. aussi MOINS PIRE

SYN

POINT D'ORDRE **APPEL AU RÈGLEMENT**

Dans les assemblées délibérantes, référence au règlement pour signaler l'irrégularité d'une intervention.

Calque de l'anglais *point of order*. À remplacer par *appel au règlement*.
Ex. : **APPEL AU RÈGLEMENT**! Monsieur le président.

ANG

POSITIF  **CERTAIN; SÛR; ASSURÉ**

 Se dit d'une personne qui a la conviction d'être dans la vérité.

Impropriété attribuable à la locution anglaise *to be positive*. Utiliser les adjectifs français qui conviennent.
Ex. : Elle est **CERTAINE** qu'il y a eu une intervention indue du député. C'est un homme honnête, j'en suis **ASSURÉ**.

ANG IMP

POSITIF : Qui ne tient compte que de la réalité objective.
Ex. : Une personne positive se refuse à bien des fantaisies.

 POSITIONS IRRÉCONCILIABLES  **POSITIONS INCONCILIABLES**

 Groupe d'idées qui ne peuvent être rapprochées.

Inconciliable se dit surtout de choses, plus rarement de personnes. *Irréconciliable* se dit presque exclusivement de personnes.
Ex. : Les positions des deux parties sont **INCONCILIABLES**.

V. aussi OPINIONS IRRÉCONCILIABLES

IMP

IRRÉCONCILIABLE : Impossible à mettre d'accord.
Ex. : Adversaires irréconciliables.

 POSSESSION *Voir* ÊTRE EN POSSESSION DE

POSSIBLE *Voir* FAIRE TOUT EN SON POSSIBLE

POUR AUSSI PEU
QUE

 **POUR SEULEMENT**

 Locution adverbiale introduisant un complément de prix en insistant sur sa modicité.

Calque de l'expression anglaise *for as little as*. Ce tour est inutilement lourd. Lui préférer la locution idiomatique.
Ex. : Vous pouvez vous procurer ce magnifique chapeau **POUR SEULEMENT** 30 $.

ANG

 POURCENTAGE
FRACTIONNAIRE

Voir UN DEMI DE
UN POUR CENT

 POUVOIR
ÉLECTRIQUE

 **ÉNERGIE
ÉLECTRIQUE**

 Capacité de produire du travail à des fins mécaniques, d'éclairage ou de chauffage. Dans la langue courante, synonyme d'*électricité*.

Calque d'*electrical power*. L'usage a consacré l'emploi d'*énergie électrique*.
Ex. : L'**ÉNERGIE ÉLECTRIQUE** est une ressource importante de notre économie.

ANG

 PRATIQUE (1)

 **SÉANCE
D'ENTRAÎNEMENT**

 Exercice préparatoire à un match ou à une compétition.

Calque de l'anglais *practice*. *Pratique* n'a pas ce sens en français correct. Le remplacer par *séance d'entraînement*.
Ex. : Il n'a pu participer à la **SÉANCE D'ENTRAÎNEMENT** ce matin.

ANG IMP

 PRATIQUE : Exercice d'une activité.
Ex. : La pratique du baseball lui est bénéfique.

PRATIQUE (2)    **RÉPÉTITION**

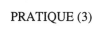 Dans le domaine des arts, séance d'exercice en vue d'un spectacle.

Anglicisme dérivé du verbe *to practice*. Cette notion se rend en anglais par *rehearsal*.
Ex. : La chorale a trois **RÉPÉTITIONS** par semaine.

ANG IMP

 PRATIQUE (3)    **EXERCICE**

 Travail systématique de perfectionnement dans le sport ou les arts.

Anglicisme tiré de *practice*. Rétablir la propriété des termes.
Ex. : Il ne s'agit pas d'une œuvre achevée, mais plutôt d'un **EXERCICE**. Il fait des **EXERCICES** au trampoline.

V. aussi SE PRATIQUER

ANG IMP

 PRATIQUER TEL INSTRUMENT    **ÉTUDIER TEL INSTRUMENT**

Faire des exercices pour maîtriser un instrument de musique.

Pratiquer n'a pas le sens de s'exercer. Employer le terme correct.
Ex. : Elle **ÉTUDIE SON PIANO** de deux à trois heures chaque jour.

Étudier un instrument signifie aussi apprendre cet instrument.

V. aussi SE PRATIQUER

ANG

 PRATIQUER : S'adonner régulièrement à quelque chose.
Ex. : Pratiquer un sport.

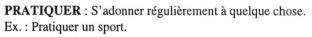

PREMIER suivi d'un
NUMÉRAL

 **PREMIER précédé
d'un NUMÉRAL**

 Cette syntaxe est anglaise. En règle générale, le numéral
précède l'adjectif ***premier***.

Ex. : Les **SIX PREMIERS** mois; les **TROIS
PREMIÈRES** semaines.

Il y a exception lorsque le numéral forme un bloc avec le
nom qu'il détermine, par exemple 24 heures marquant la
durée du jour civil.

V. aussi DERNIER suivi d'un NUMÉRAL, PROCHAIN
suivi d'un NUMÉRAL

ANG SYN

 PRENDRE DES
CHANCES

 **PRENDRE DES
RISQUES; COURIR
DES RISQUES**

 S'exposer à des dangers.

Calque de *to take chances*. Le mot *chance* n'est pas
synonyme de ***risque***. *Chance* a une coloration positive et
favorable, tandis que ***risque*** insiste sur les dangers que peut
présenter une action.

Ex. : Il **PREND** inutilement **DES RISQUES**. En agissant
ainsi, il **COURT LES PLUS GRANDS RISQUES**.

ANG

 CHANCE : Occasion favorable.
Ex. : Elle a eu la chance de rencontrer le ministre.

 PRENDRE LE VOTE

 **METTRE AUX VOIX;
PROCÉDER AU
SCRUTIN; PASSER
AU VOTE**

 Soumettre une question, par voie de scrutin, à la décision
d'une assemblée délibérante.

Mauvaise cooccurrence. Tir à rectifier.
Ex. : Nous allons **METTRE** la résolution **AUX VOIX**.
Assez de délibérations, **PASSONS AU VOTE**.

COC

130

 PRENDRE POUR
ACQUIS (1)

 **TENIR POUR
ACQUIS**

Supposer assuré, certain.

Calque de l'anglais *to take for granted*. Mauvaise
cooccurrence en français. Remplacer *prendre* par *tenir*.
Ex. : Il **TIENT** sa victoire **POUR ACQUISE**.
V. aussi PRENDRE POUR ACQUIS (2)

ANG COC

 PRENDRE POUR
ACQUIS (2)

 **TRAITER SANS
ÉGARDS**

Considérer quelqu'un comme son obligé, le traiter comme
quantité négligeable.

Calque de l'anglais *to take someone for granted*. Employer
l'expression correcte en français.
Ex. : Même s'il a une femme extraordinaire, il la **TRAITE**
toujours **SANS ÉGARDS**.
V. aussi PRENDRE POUR ACQUIS (1)

ANG IMP COC

 PRENDRE UNE
MARCHE

 **MARCHER; FAIRE
UNE PROMENADE
(À PIED)**

Se promener à pied pour se délasser ou faire de l'exercice.

Calque de l'anglais *to take a walk*. Le mot français *marche*
n'a pas le sens concret de **promenade**.
Ex. : Il aime **MARCHER** le soir après souper. Il **FAISAIT**
chaque jour **DE LONGUES PROMENADES À PIED**.

ANG COC

 FAIRE DE LA MARCHE : Pratiquer le sport de la
marche.

PRÉREQUIS  **PRÉALABLE**

 Condition à remplir avant d'accéder à quelque chose.

Probablement sous l'influence de l'anglais *prerequisite*, nous avons tendance à utiliser substantivement l'adjectif *prérequis*, tiré du participe passé du verbe *requérir*. Cet usage ne se retrouve pas en français correct. C'est l'adjectif *préalable* qu'on emploie comme substantif.

Ex. : Le baccalauréat est un **PRÉALABLE** à la maîtrise. Le diplôme d'études secondaires est devenu un **PRÉALABLE** à tout emploi.

ANG

 PRÉSERVATIF **AGENT DE CONSERVATION**

 Substance ajoutée aux aliments pour prolonger leur conservation.

De l'anglais *preservative*. Le mot français *préservatif* ne s'emploie pas en alimentation. Le remplacer par *agent de conservation*.

Ex. : Les **AGENTS DE CONSERVATION** ajoutés à certains produits peuvent être cancérigènes.

IMP ANG

 PRÉSERVATIF : Contraceptif.

 PROCHAIN suivi d'un NUMÉRAL **PROCHAIN précédé d'un NUMÉRAL**

Cette syntaxe est anglaise. En règle générale, le numéral se place devant *prochain*.

Ex. : Elle travaillera les **SIX PROCHAINS** mois.

Exception. Lorsque le numéral fait un bloc avec le nom qu'il détermine, *prochain* se place devant le numéral.

Ex. : Pour les prochaines 24 heures, soyez sur le qui-vive.

V. aussi PREMIER suivi d'un NUMÉRAL, DERNIER suivi d'un NUMÉRAL

SYN ANG

PROGRÈS   *VOIR* EN PROGRÈS,
                                   RAPPORTER
                                   PROGRÈS

PROJET    **LOTISSEMENT**
D'HABITATIONS   **DOMICILIAIRE**

Secteur loti, réservé à la construction domiciliaire.

Anglicisme. Emploi impropre du mot *projet* en français.
À remplacer par ***lotissement (domiciliaire)***.
Ex. : Il a fait construire sa maison dans le **LOTISSEMENT**
des Arcades. Les villes se développent de plus en plus par
LOTISSEMENTS DOMICILIAIRES.

V. aussi DÉVELOPPEMENT DOMICILIAIRE,
DÉVELOPPEUR

ANG IMP

PROJET : Travail préparatoire, ébauche.
Ex. : Il a soumis un projet de plan à l'architecte.

Q

QUARTIERS
GÉNÉRAUX

 **QUARTIER
GÉNÉRAL**

Établissement principal d'un corps d'armée où loge son
état-major. Par extension, établissement principal d'une
organisation.

L'emploi généralisé du pluriel vient de l'anglais
headquarters. On rétablira l'emploi du singulier.
Ex. : Le candidat a établi son **QUARTIER GÉNÉRAL** au
117, rue Rachel.

ANG SYN

QUESTIONNER

 METTRE EN DOUTE

S'interroger sur la légitimité ou le bien-fondé de quelque
chose.

En dépit de la vogue du questionnement, l'emploi de
questionner en ce sens reste un anglicisme répréhensible.
Ex. : Il **MET EN DOUTE** l'honnêteté du ministre. Cette
initiative **EST MISE EN DOUTE** par tous les citoyens du
quartier.

ANG IMP

QUESTIONNER : Interroger, poser une question.
Ex. : Le professeur questionne un élève.

R

 RAPPORTER  **SIGNALER;**
DÉCLARER

 Faire état d'un fait; faire connaître l'existence de quelque chose.

Ces sens appartiennent au verbe anglais *to report*. Le verbe *rapporter* ne s'emploie pas dans ce cas.
Ex. : La police **SIGNALE** vingt accidents au cours de la fin de semaine. Il faut **DÉCLARER** à l'impôt tous ses revenus supplémentaires.

V. aussi SE RAPPORTER

ANG IMP

 RAPPORTER : Rendre compte de ce qu'on a vu ou entendu dire.
Ex. : Il a rapporté tel quel le commentaire du ministre.

 RAPPORTER  **FAIRE LE POINT**
PROGRÈS

 Exposer où en sont rendus une affaire ou un projet.

Anglicisme provenant de *to report progress*. Cette expression est tout à fait obscure en français. Lui substituer son équivalent français.
Ex. : Le secrétaire général **A FAIT LE POINT** sur la situation concurrentielle de l'industrie du disque.

ANG IMP

RAPPORTER
QUELQU'UN
DISPARU

 **PORTER
QUELQU'UN
DISPARU**

 Inscrire quelqu'un sur la liste officielle des personnes disparues.

L'usage veut qu'on dise ***porter***.
Ex. : Leur fille **EST PORTÉE DISPARUE** depuis trois mois.

COC

 RÉCIPIENDAIRE  **LAURÉAT;
RECEVEUR**

 Personne qui reçoit un prix. Personne qui reçoit un organe par greffe.

Abus du terme *récipiendaire*. Pour désigner la personne qui reçoit un prix ou une distinction, on peut employer ***lauréat***.
Ex. : Il est **LAURÉAT** du prix David.

Pour désigner la personne qui reçoit un organe par greffe, il faut employer ***receveur***.
Ex. : Pour la transplantation d'un organe, il faut que le donneur et le **RECEVEUR** soient de groupes sanguins compatibles.

IMP

 RÉCIPIENDAIRE : Personne reçue dans un corps, une société.
Ex. : Le récipiendaire à l'Académie a fait un discours remarquable.

RÉFÉRER  **SE RÉFÉRER**

 Se reporter à un événement, à un énoncé.

L'emploi transitif de *référer* est réservé au domaine linguistique. Dans la langue générale, c'est la forme pronominale qui est normale.
Ex. : Pour justifier cette assertion, je **ME RÉFÈRE** au discours du ministre prononcé la semaine dernière.

V. aussi RÉFÉRER À QUELQU'UN

SYN

 RÉFÉRER À QUELQU'UN  **ADRESSER À QUELQU'UN**

 Confier quelqu'un aux soins d'un tiers.

Dans la langue courante, de nos jours, le verbe *référer* s'emploie surtout à la forme pronominale. Dans le sens qui nous occupe, l'emploi de *référer* est impropre puisque l'usage a consacré depuis longtemps *adresser*.
Ex. : Son médecin l'**A ADRESSÉE À UN SPÉCIALISTE**. Le député l'**A ADRESSÉ AU SECRÉTAIRE** du ministre.

V. aussi RÉFÉRER

IMP ANG

 SE RÉFÉRER : Se reporter à.
Ex. : Référez-vous à la page 36.

 EN RÉFÉRER À : Invoquer l'autorité de.
Ex. : J'en réfère au président pour cette décision.

RÉGULIER  **NORMAL;
ORDINAIRE;
COURANT**

 Se dit de ce qui est le plus courant, le plus habituel.

Anglicisme. *Régulier* n'a pas ce sens en français correct.
Ex. : Prendre un café **ORDINAIRE** (avec crème et sucre).
L'essence **ORDINAIRE** se vend 72 ¢ le litre. Le modèle
COURANT de cette voiture se vend bien cette année.

ANG IMP

 RÉGULIER : Qui se reproduit à intervalles fixes.
Ex. : Un service régulier d'autocars relie Québec à
Montréal.

 RELOCALISER  **RELOGER**

Donner un nouveau lieu de résidence à une personne
déplacée.

De l'anglais *to relocate*. Impropriété.
Ex. : Il a fallu **RELOGER** les cinquante personnes
délogées par l'incendie.

V. aussi LOCATION, ÊTRE LOCALISÉ

ANG IMP

 RELOCALISER : Repérer de nouveau.
Ex. : Il avait perdu la trace du criminel plusieurs fois avant
de le relocaliser définitivement.

 REMARQUES *Voir* PASSER DES
REMARQUES

REMPLIR À
CAPACITÉ

 **REMPLIR À
CRAQUER; ÊTRE
COMBLE (au passif)**

 Mettre dans une salle ou un local tout le monde qui peut y trouver place.

Le tour « rempli à capacité », calqué de l'anglais, n'est pas correct. On le remplacera par *rempli à craquer, comble*.
Ex. : Cette salle est **REMPLIE À CRAQUER**.

ANG

 CAPACITÉ : Propriété de contenir une certaine quantité de substance. (S'applique généralement à des contenants, mais aussi, aujourd'hui, à des locaux.)
Ex. : Cette salle a une capacité de deux cents places.

 RENCONTRER
L'APPROBATION DE
QUELQU'UN

 **RECEVOIR
L'APPROBATION
DE QUELQU'UN**

 Faire approuver sa conduite par quelqu'un.

Anglicisme. Rétablir la cooccurrence normale.
Ex. : Son initiative n'**A** pas **REÇU L'APPROBATION DE SON SUPÉRIEUR**.

ANG COC

 RENCONTRER SES
OBLIGATIONS

 **FAIRE FACE À/
RESPECTER SES
OBLIGATIONS**

 Remplir ses obligations dans les conditions prescrites.

Anglicisme. La cooccurrence normale exige soit *respecter*, soit *faire face à*.
Ex. : Elle a été congédiée pour ne pas **AVOIR RESPECTÉ SES OBLIGATIONS**.

Il en est de même pour des expressions analogues où *rencontrer* est associé à des mots comme *délai*, *échéance*.
Ex. : **RESPECTER** le délai imparti ou l'échéance fixée.

ANG COC

RENVERSER (UN
JUGEMENT/UNE
DÉCISION)

 **INVALIDER;
ANNULER**

Rendre une décision ou un jugement contraires à ceux qui
ont déjà été rendus.

Archaïsme maintenu par l'anglais *to reverse a judgement*.
En français moderne, on invalide ou annule une décision ou
un jugement.

ARC ANG

RÉSULTAT

Voir AVEC LE RÉSULTAT
QUE

RÉSULTER EN

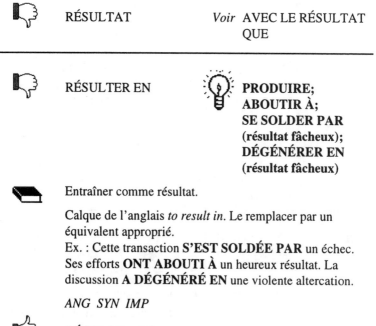 **PRODUIRE;
ABOUTIR À;
SE SOLDER PAR
(résultat fâcheux);
DÉGÉNÉRER EN
(résultat fâcheux)**

Entraîner comme résultat.

Calque de l'anglais *to result in*. Le remplacer par un
équivalent approprié.
Ex. : Cette transaction **S'EST SOLDÉE PAR** un échec.
Ses efforts **ONT ABOUTI À** un heureux résultat. La
discussion **A DÉGÉNÉRÉ EN** une violente altercation.

ANG SYN IMP

RÉSULTER DE : Découler de.
Ex. : Sa victoire résulte de ses efforts.

ROYAUTÉS  REDEVANCES;
DROITS D'AUTEUR

 Sommes versées en retour du droit d'utilisation de la propriété d'un tiers. Sommes versées à un auteur pour exploiter son œuvre.

Calque de l'anglais *royalties*. Le mot *royautés* n'a pas ce sens. Le remplacer par **redevances** ou **droits d'auteur**, selon le cas.
Ex. : La pétrolière doit verser des **REDEVANCES** au propriétaire du fonds. Il n'en est qu'à son troisième livre et il vit déjà de ses **DROITS D'AUTEUR**.

IMP ANG

ROYAUTÉ : Pouvoir royal.
Ex. : Dans une démocratie de type britannique, le rôle de la royauté est largement symbolique.

S

 S'ADRESSER À UN
PROBLÈME

Voir ADRESSER UN
PROBLÈME

 S'INFLIGER UNE
BLESSURE

 **SUBIR UNE
BLESSURE; SE
BLESSER**

 Se faire blesser dans un accident ou au cours d'un match.

Impropriété. *S'infliger* suppose un acte volontaire.
Lorsqu'il s'agit d'un accident, on reçoit ou on subit une
blessure.
Ex. : Lemieux **A SUBI UNE BLESSURE** à l'aine.

Le verbe *se blesser* peut aussi s'employer.
Ex. : Il **S'EST BLESSÉ** à l'aine.

IMP

 S'INFLIGER : S'appliquer volontairement une peine, un
châtiment.
Ex. : Thérèse s'infligeait régulièrement des mauvais
traitements par masochisme.

 S'OBJECTER

 **S'OPPOSER;
CONTESTER**

 Formuler une opposition.

Faute de construction : *objecter* ne s'emploie pas à la forme
pronominale. Impropriété : *objecter* n'a pas ce sens.
Ex. : L'avocat **S'EST OPPOSÉ** à l'interrogatoire de ce
témoin. Je **CONTESTE** la légitimité de ce point de vue.

SYN IMP

 OBJECTER : Apporter des raisons contraires.
Ex. : Lui objecter sa mauvaise conduite.

SANS PRÉJUDICE  **SOUS TOUTES RÉSERVES**

Mention attestant que le document qui la porte ne peut être invoqué pour contester l'existence de droits existants.

La langue juridique française utilise l'expression *sous toutes réserves* dans ce cas. « Sans préjudice » est une traduction littérale de *without prejudice*.

ANG

SATISFAIT *Voir* ÊTRE SATISFAIT QUE

SAUVER  **ÉCONOMISER; GAGNER**

Réaliser des économies de temps ou d'argent.

Anglicisme tiré de *to save*. *Sauver* n'a pas ce sens en français correct.
Ex. : En achetant dans cet établissement, j'**ÉCONOMISE** beaucoup d'argent. En passant par la rue Chênevert, je **GAGNE** dix minutes pour me rendre à mon travail.

ANG IMP

 SAUVER : Faire échapper à un danger.
Ex. : Je l'ai sauvé d'un mauvais pas.

SE MÉRITER  **MÉRITER; GAGNER; REMPORTER**

Obtenir à bon droit.

Cette forme inutilement emphatique n'a pas vraiment de raison d'être. On mérite, en général, pour soi.
Ex. : Elle **A** bien **MÉRITÉ** l'estime qu'on lui porte.

Mériter suppose aussi qu'on a fait des efforts pour obtenir ce qui est accordé. Si c'est le fruit du hasard, on ne saurait parler de mériter.
Ex. : Mme Renaud **A GAGNÉ** 50 000 $ à la loterie.

IMP

SE PRATIQUER  **S'ENTRAÎNER**

S'adonner à des exercices systématiques pour se perfectionner dans un sport.

Pratiquer ne s'emploie pas à la forme pronominale en français correct. Utiliser *s'entraîner*.

Ex. : L'équipe **S'ENTRAÎNE** régulièrement en vue du championnat.

V. aussi PRATIQUE, PRATIQUER TEL INSTRUMENT

SYN

 SE RAPPORTER  **SE PRÉSENTER**

Signaler sa présence à l'autorité.

Anglicisme tiré de *to report oneself*. C'est le verbe pronominal *se présenter* qu'il convient d'utiliser.

Ex. : **PRÉSENTEZ-VOUS** demain matin à 8 h. L'agent doit **SE PRÉSENTER** chaque matin à son supérieur.

Si le signalement de la présence ne se fait pas en personne, mais par téléphone ou autrement, il faut modifier l'énoncé en conséquence.

Ex. : Au lieu de **VOUS PRÉSENTER** en personne, vous pourrez me téléphoner à l'arrivée.

V. aussi RAPPORTER

ANG IMP

SEMAINE DE CALENDRIER  **SEMAINE CIVILE**

Période de sept jours qui s'étend du dimanche au samedi.

« Semaine de calendrier » apparaît comme un calque de *calendar week*. On lui substituera *semaine civile*.

Ex. : Il ne faut pas confondre la semaine de travail et la **SEMAINE CIVILE**.

V. aussi ANNÉE DE CALENDRIER, MOIS DE CALENDRIER

ANG

SEMI-FINALE  **DEMI-FINALE**

 Au hockey et dans certains sports d'équipe, série de matchs qui précèdent les éliminatoires.

L'usage a imposé *demi-finale* en français.
Ex. : Sa blessure l'a empêché de participer aux **DEMI-FINALES**.

COC

 SENTENCE **PEINE**

 Sanction appliquée par un tribunal.

Impropriété courante tenant à la confusion de sens entre *sentence* et *peine*. La peine est décrétée par la sentence. Le juge prononce la sentence, mais impose une peine. Le condamné, quant à lui, purge sa peine.
Ex. : On lui a imposé une **PEINE** de quatre mois de prison.

V. aussi SENTENCE SUSPENDUE, SERVIR UNE SENTENCE

ANG IMP

 SENTENCE : Jugement rendu par un tribunal.
Ex. : Le juge prononcera sa sentence dans dix jours.

 SENTENCE SUSPENDUE **CONDAMNATION AVEC SURSIS**

Jugement rendu en différant l'application de la peine.

Anglicisme tiré de *suspended sentence*. À remplacer par *condamnation avec sursis*.
Ex. : Il est sous le coup d'une **CONDAMNATION AVEC SURSIS**.

V. aussi SENTENCE, SERVIR UNE SENTENCE

ANG

SERVIR UN
AVERTISSEMENT

 **DONNER UN
AVERTISSEMENT**

 Signifier une mise en garde à quelqu'un.

De l'anglais *to serve a warning*. Le verbe *servir* n'a pas ce sens. Contentons-nous de **_donner un avertissement_**.
Ex. : La police lui **A DONNÉ UN AVERTISSEMENT**.

ANG IMP

 SERVIR : Être au service de; mettre à la disposition de.
Ex. : Il sert son pays avec zèle.

 SERVIR UNE
SENTENCE

 PURGER UNE PEINE

 Exécuter les obligations résultant d'une condamnation judiciaire.

Anglicisme inspiré de *to serve a sentence*. Tour confondant les sens de *sentence* et de **_peine_**.
Ex. : Il **PURGE UNE PEINE** de quatre ans d'emprisonnement.

V. aussi SENTENCE, SENTENCE SUSPENDUE

ANG IMP

 SET DE VAISSELLE

 **SERVICE DE
VAISSELLE**

Ensemble d'assiettes et de plats pour servir les repas.

L'emploi de *set* au sens d'ensemble formant un tout n'est pas français. Dans le cas de la vaisselle, l'usage a imposé *service*.
Ex. : Un **SERVICE DE VAISSELLE** de quarante pièces.

IMP

 SET : Manche d'un match de tennis.
Ex. : Il a joué trois sets.

SHIFT  **POSTE; TOUR D'ÉQUIPE; HUIT (familier)**

 Division de la journée de travail lorsqu'il y a relais des équipes.

Terme anglais à traduire par l'équivalent approprié.
Ex. : Je prends mon **TOUR D'ÉQUIPE** à minuit. Il fait partie du **POSTE** de jour.

Familièrement, on emploie le terme *huit*, la durée normale d'un tour d'équipe étant de huit heures. Au Québec, on emploie aussi *quart* (influence de la marine où, autrefois, la période de service continu était de six heures).
Ex. : Il est du premier **HUIT**. Le **HUIT** de nuit n'est pas populaire.

V. aussi TRAVAILLER SUR LES SHIFTS

ANG

SIÉGER SUR  **FAIRE PARTIE DE; SIÉGER À**

Participer aux délibérations d'un comité, d'une commission.

Mauvais emploi de la préposition, probablement sous l'influence de l'anglais *to sit on*. À rectifier.
Ex. : Elle **FAIT PARTIE DE** la Commission des droits de la femme. Elle **SIÈGE** toutes les deux semaines **À** ce comité.

À noter toutefois qu'on peut siéger à un comité d'une façon occasionnelle, sans en être membre.

ANG SYN

SITE  **LIEU;
EMPLACEMENT**

Endroit réservé pour une utilisation particulière.

Le mot français *site* ne s'applique pas à un lieu quelconque.
Lui substituer *lieu, emplacement*.
Ex. : Le président a choisi l'**EMPLACEMENT** pour la
construction de l'usine.

IMP

SITE : Endroit remarquable par ses propriétés pittoresques.
Configuration d'un lieu par rapport à son utilisation.
Ex. : Le site de la citadelle de Québec est un atout pour
cette ville. Faire des fouilles dans un site archéologique.

 SOINS *Voir* ÊTRE SOUS LES
SOINS DE

 SOLDE  **PAIE; SALAIRE**

Rémunération du travail fourni.

Le mot français *solde* a un sens restreint. Il ne faut pas en
faire un simple synonyme de *paie* ou de *salaire*. On ne
parlera pas d'un « congé sans solde », mais d'un congé non
payé, ou d'un congé sans salaire.
V. aussi CONGÉ SANS SOLDE

IMP

SOLDE (nom féminin) : Rémunération des militaires.

 SOUMETTRE QUE  **SOUTENIR QUE;
ALLÉGUER QUE**

Énoncer pour vrai.

Anglicisme tiré de *to submit that*. Le verbe français
soumettre ne peut être tenu pour un verbe d'opinion. Il ne
peut donc se construire avec une complétive introduite par
que. Le remplacer par un véritable verbe d'opinion.
Ex. : Le député **A SOUTENU QUE** les crédits du
ministère étaient faussés.

ANG IMP SYN

SOUMETTRE : Mettre dans un état de dépendance.
Ex. : Les Serbes voulaient soumettre la Bosnie.

150

 SOUS

Voir ÊTRE SOUS
L'IMPRESSION; ÊTRE
SOUS LES SOINS DE;
ÊTRE SOUS
OBSERVATION; ÊTRE
SOUS TRAITEMENT

 SOUS CONTRÔLE **MAÎTRISÉ; REVENU À LA NORMALE**

 Se dit d'une situation où tous les éléments sont rentrés dans l'ordre.

Même si *contrôle* au sens de maîtrise, domination est aujourd'hui reçu en français, l'expression *sous contrôle*, dans le sens précité, est un calque de l'anglais *under control*, et reste incorrecte. On la remplace par *maîtrisé, revenu à la normale*.

Ex. : Les policiers ont **MAÎTRISÉ** la situation (et non « ont la situation sous contrôle »). Après l'émeute, la situation était **REVENUE À LA NORMALE**.

V. aussi INCENDIE SOUS CONTRÔLE

ANG

 ÊTRE SOUS LE CONTRÔLE DE : Être sous la domination de.

Ex. : Cette société est sous le contrôle d'un consortium bancaire.

 SOUS-CONTRACTEUR **SOUS-TRAITANT; SOUS-ENTREPRENEUR**

 Personne qui se charge d'une partie des travaux confiés à un entrepreneur principal.

Comme « contracteur », « sous-contracteur » est un anglicisme, tiré de *subcontractor*. Il faut le remplacer par les termes proposés. À l'origine, *sous-traitant* était un terme de la langue juridique; il est aujourd'hui passé dans la langue courante.

Ex. : Les travaux sont retardés à cause des **SOUS-TRAITANTS**, qui ne respectent pas les délais.

V. aussi CONTRACTEUR

ANG

SPÉCIFICATIONS  **CARACTÉRISTIQUES**

Éléments distinctifs d'un produit.

Impropriété. Lui substituer dans ce cas *caractéristiques*.
Ex. : Voici les **CARACTÉRISTIQUES** du nouveau
modèle : pare-brise incassable, freins antiblocage,
servodirection et climatisation.

IMP

 SPÉCIFICATIONS : Définition donnée par un organisme
de normalisation des caractéristiques que doit présenter un
produit.
Ex. : L'Association canadienne de normalisation a défini
les spécifications des tondeuses électriques.

 SPÉCIFIQUE  **PRÉCIS; EXPLICITE**

Qui est clair, sans ambiguïté.

Ce sens de *spécifique* est vieilli, quoique encore très vivant
au Canada sous l'influence de l'adjectif anglais *specific*.
Ex. : Soyez plus **PRÉCIS**.

ANG ARC

 SPÉCIFIQUE : Relatif à l'espèce; qui a son caractère
propre.
Ex. : On serait enclin à penser que la bêtise est un trait
spécifique de l'être humain.

SPÉCULATIONS  **SUPPOSITIONS**

Hypothèses formulées sur l'interprétation d'un événement,
le dénouement d'une crise ou l'évolution d'un phénomène.

Impropriété. On ne peut donner à *spéculation* le sens
d'hypothèse.
Ex. : Les journalistes se livrent à de nombreuses
SUPPOSITIONS touchant la carrière de l'ex-premier
ministre.

IMP ANG

 SPÉCULATION : Manœuvre financière. Étude abstraite.
Ex. : Les spéculations boursières. Les spéculations des
économistes sont impuissantes à nous sortir de la récession.

STAGE STADE

 Étape de l'évolution d'un phénomène.

Ne pas confondre ces deux termes. Lorsqu'il s'agit d'une étape, c'est *stade* qu'il faut employer.
Ex. : La construction en est à son deuxième **STADE**. À ce **STADE** du projet, il faut être prudent.
IMP

 STAGE : Séjour fait à des fins d'apprentissage ou de perfectionnement.
Ex. : Il fait un stage de trois mois dans une entreprise.

 SUJET À CHANGEMENT **SOUS RÉSERVE DE MODIFICATIONS**

 Mention figurant sur un tarif indiquant que les prix donnés peuvent être modifiés sans préavis.

Traduction littérale de la formule anglaise *subject to change*. Lui substituer la formule française : *sous réserve de modifications*.
Ex. : Il a inscrit sur la liste des prix « **SOUS RÉSERVE DE MODIFICATIONS** » en raison d'une hausse prochaine.
ANG

 SUJET À : Se dit des personnes, non des choses.
Ex. : En vieillissant, il est plus sujet au rhume.

 SUPPORT APPUI

 Soutien moral accordé à quelqu'un ou à quelque chose.

Impropriété qui donne à *support* un sens moral qu'il n'a pas en français. On lui préférera *appui*.
Ex. : Donner son **APPUI** à un candidat.
IMP

 SUPPORT : Ce qui supporte une chose pesante.
Ex. : Cette colonne sert de support à la charpente.

SUPPORTER  **APPUYER; AIDER**

 Donner son soutien à une œuvre, à une cause ou à une personne.

Anglicisme tiré de *to support*. Le verbe *supporter*, au sens de soutenir, a une valeur physique. Au sens moral, il faut employer ***appuyer, aider***.
Ex. : Il **APPUIE** la candidate à la direction du parti.
AIDEZ la Croix-Rouge.

ANG IMP

 SUPPORTER : Endurer.
Ex. : Elle supporte allègrement les épreuves.

 SUR 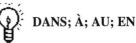 **DANS; À; AU; EN**

Corriger les emplois fautifs de *sur* par l'emploi des expressions citées.
Ex. : Travailler **DANS** une ferme (et non « sur une ferme »). Revenir **À** la ferme (et non « sur la ferme »). Être **DANS** l'autobus/l'avion/le train (et non « sur l'autobus/l'avion/le train »). Croiser quelqu'un **DANS** la rue (et non « sur la rue »). Accrocher **AU** mur (et non « sur le mur »). **En** semaine (et non « sur semaine »). **À** l'étage (et non « sur l'étage »).

SYN

 SUR LE BANC **SÉANCE TENANTE**

Se dit d'une décision rendue par un juge en cours d'audience.

Calque de l'anglais *from the bench*. L'expression française correcte est ***séance tenante***.
Ex. : Le juge a décidé **SÉANCE TENANTE** d'entendre le témoin.

V. aussi MONTER SUR LE BANC

ANG

154

  SUR SEMAINE  **EN SEMAINE**

 Pendant les jours de la semaine, par opposition au samedi et au dimanche.

Mauvais emploi de la préposition. L'usage a consacré *en semaine*.
Ex. : **EN SEMAINE**, je travaille tous les matins.

SYN COC

 SYSTÈME DE SON (1)  **CHAÎNE STÉRÉO(PHONIQUE)**

Installation permettant la lecture d'enregistrements sonores, qui comprend notamment un lecteur, un amplificateur et des haut-parleurs ainsi qu'un récepteur radio.

Calque de l'anglais *sound system*. L'expression utilisée en français est *chaîne stéréo* ou *chaîne stéréophonique*. En contexte, on utilise absolument le mot *chaîne*.
Ex. : Il fait jouer sa **CHAÎNE** à tue-tête.

ANG

 SYSTÈME DE SON (2)  **SONORISATION; SONO (familier)**

Installation d'amplification et de diffusion du son dans un endroit public.

Calque de l'anglais *sound system*. Toutefois, l'appellation exacte de cette notion en anglais est *public address system*. Cette installation s'appelle *sonorisation* et, familièrement, *sono*.
Ex. : La **SONORISATION** trop forte a gâché le concert.
Installer la **SONO** pour le concert.

ANG

TECHNICALITÉS 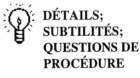 DÉTAILS;
SUBTILITÉS;
QUESTIONS DE
PROCÉDURE

 Précisions qui ne concernent que les spécialistes. En droit, formalités liées à la procédure.

« Technicalité » n'est pas un mot français. Emploi à corriger.
Ex. : Les parties ont ratifié la convention : il ne reste que des **DÉTAILS** à régler. Il s'emberlificote dans les **QUESTIONS DE PROCÉDURE**.

ANG

 TEMPÉRATURE **TEMPS**

 État de l'atmosphère.

Il ne faut pas confondre *température* et ***temps***.
Ex. : Nous jouissons du beau **TEMPS** depuis plusieurs jours (et non « d'une belle température »). Le mauvais **TEMPS** est désagréable.

IMP

 TEMPÉRATURE : Degré de froid ou de chaleur.
Ex. : La température atteindra 20° cette nuit.

TEMPS
SUPPLÉMENTAIRE

 **HEURES
SUPPLÉMENTAIRES**

 Travail fourni en plus des heures réglementaires de travail.

L'usage a consacré en français *heures supplémentaires*, et
non « temps supplémentaire ».
Ex. : La convention détermine la rémunération des
HEURES SUPPLÉMENTAIRES. Il fait au moins trois
HEURES SUPPLÉMENTAIRES chaque semaine.

COC

 TERME

 **MANDAT**

 Durée pour laquelle une personne est élue ou désignée à un
poste.

Impropriété du mot *terme* en ce sens. Le remplacer par
mandat.
Ex. : Son **MANDAT** est de quatre ans. Il est élu pour un
second **MANDAT**.

IMP ANG

 TERME : Date à laquelle s'éteint une obligation.
Ex. : À l'échéance du terme, la dette devra être acquittée.

 TERMES DE
RÉFÉRENCE

 **MANDAT**

Acte qui précise la tâche d'un comité ou d'une commission.

Calque de *terms of reference*. En français, on dit *mandat*.
Ex. : Le **MANDAT** de la commission prévoit la remise du
rapport à la fin des audiences publiques.

ANG

THÈME  **INDICATIF**

 Motif musical servant à reconnaître une émission.

Sens du mot anglais *theme*. C'est *indicatif* qui convient dans cet emploi.

Ex. : L'**INDICATIF** de l'émission est une musique originale de Claude Bichaud.

ANG IMP

 THÈME : Motif mélodique figurant dans une œuvre musicale.

Ex. : Le thème du premier mouvement est repris dans le troisième.

 TOMBER EN AMOUR **TOMBER AMOUREUX; S'ÉPRENDRE; S'AMOURACHER (familier)**

 Éprouver subitement un sentiment passionnel intense à l'égard de quelqu'un.

Les expressions « être en amour », « tomber en amour » sont sorties de l'usage de la langue générale. Il vaut mieux les remplacer par les tours actuels *être amoureux, tomber amoureux*.

Ex. : Depuis qu'il **EST TOMBÉ AMOUREUX**, il oublie ses amis.

ARC

 TOURBE **GAZON**

Plaque couverte d'herbe servant à constituer les pelouses.

Impropriété. Il ne faut pas confondre *tourbe* et *gazon*.

Ex. : J'ai fait poser du **GAZON** par un jardinier spécialisé.

IMP

TOURBE : Matière spongieuse résultant de la décomposition des végétaux.

Ex. : La tourbe mousseuse sert à alléger les sols glaiseux.

TOUT DÉPENDANT   *Voir* DÉPENDANT

 TRAITEMENT   *Voir* ÊTRE SOUS
                       TRAITEMENT

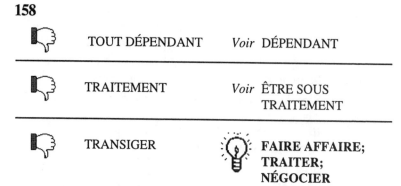

TRANSIGER   **FAIRE AFFAIRE;
TRAITER;
NÉGOCIER**

Conclure des transactions commerciales.

Transiger n'a pas les mêmes sens que *transaction*. On peut
faire des transactions en Bourse, mais on ne « transige »
pas en Bourse. Il convient de remplacer *transiger* en ce
sens par les équivalents proposés.
Ex. : Il **TRAITE** directement avec le directeur. Notre
entreprise **FAIT AFFAIRE** avec plusieurs sociétés
étrangères. **NÉGOCIER** des actions en Bourse.

IMP

TRANSIGER : Faire des concessions, des compromis.
Ex. : Transiger avec sa conscience.

 TRAVAIL CLÉRICAL   **TRAVAIL
D'ÉCRITURE;
TRAVAIL DE
COMMIS; TRAVAIL
DE SECRÉTARIAT**

Travail qui consiste à écrire, à transcrire ou à faire des
travaux sommaires de comptabilité.

On évitera l'emploi de *clérical* en ce sens.
Ex. : Il estimait que son **TRAVAIL DE COMMIS** (aux
écritures) n'était pas à la hauteur de ses capacités. Elle ne
faisait que du **TRAVAIL D'ÉCRITURE**.

V. aussi CLÉRICAL, ERREUR CLÉRICALE,
PERSONNEL CLÉRICAL

IMP ANG

CLÉRICAL : Relatif au clergé.

TRAVAILLER SUR
LES SHIFTS

 **TRAVAILLER PAR
POSTES;
TRAVAILLER PAR
RELAIS**

 Travailler dans une entreprise où les équipes se relaient à différents moments de la journée de travail.

Anglicisme. Corriger par l'expression appropriée.
Ex. : Il fait de l'insomnie depuis qu'il **TRAVAILLE PAR POSTES**.

L'expression anglaise *shift work* se rend par ***travail posté***.

V. aussi SHIFT

ANG

 TROUBLE

 **ENNUI; SOUCI;
DIFFICULTÉ**

 Contrariété, peine, tracas.

Anglicisme. Ces sens de *trouble* appartiennent au mot anglais *trouble*. Usage à éviter.
Ex. : Son fils lui donne beaucoup de **DIFFICULTÉS**. Il se donne beaucoup de **SOUCI** pour m'être agréable.

ANG IMP

TROUBLE : Confusion, perte de lucidité, modification pathologique.
Ex. : Les troubles de comportement de ce jeune risquent de le conduire à la délinquance.

TUILE  **CARREAU**

Rectangle ou carré de linoléum ou de céramique servant au revêtement des sols ou des murs.

L'emploi de *tuile* en ce sens est un anglicisme. Le remplacer par ***carreau***. Un ensemble de carreaux forme un carrelage.

Ex. : Le sol de la cuisine est couvert de **CARREAUX** de linoléum. Faire poser des **CARREAUX** de céramique dans la salle de bains. Laver le **CARRELAGE** de la salle de bain.

ANG IMP

TUILE : Plaque de terre cuite ou d'autres matériaux posée sur le toit.
Ex. : Les tuiles des maisons faisaient des taches rouille dans le paysage.

U

UN DEMI DE UN
POUR CENT

 **UN DEMI POUR
CENT**

Façon d'exprimer un pourcentage fractionnaire.

En français, l'expression d'un pourcentage fractionnaire
n'exige pas la référence à l'unité, contrairement à l'anglais.
On dit : *un demi pour cent* et non « un demi de un pour
cent ». Profitons de cet heureux raccourci. En chiffres, le
pourcentage fractionnaire s'écrit ainsi : 0,5 %.

ANG SYN

V

 VENTE DE GARAGE  **VENTE-DÉBARRAS**

 Vente privée d'articles usagés dont un particulier veut se défaire.

De l'anglais *garage sale*. L'expression « vente de garage » a peu de sens si on ignore la signification de l'expression anglaise d'où elle est tirée. L'Office de la langue française recommande *vente-débarras*.

ANG

 VENTE (DE) TROTTOIR **BRADERIE**

 Liquidation de soldes en plein air ou à l'extérieur du local commercial.

Calque de l'anglais *sidewalk sale*. À remplacer par l'équivalent français.
Ex. : Il y a **BRADERIE** rue Mont-Royal. Ne manquez pas les **BRADERIES** de la place Dupuis.

ANG

 VENTE FINALE **VENTE FERME**

 Vente qui ne permet ni échange ni remboursement.

Calque de l'anglais *final sale*. En français, *final* n'a pas le sens de définitif, irrévocable.
Ex. : Toutes les **VENTES** sont **FERMES**.

V. aussi FINAL

ANG IMP

FINAL : Qui arrive à la fin.
Ex. : Un examen final.

164

 VERRERIE  **SERVICE DE VERRES**

 Ensemble de verres servant pour divers types de boissons.

Le mot *verrerie* n'a pas ce sens. L'expression reçue est *service de verres*.
Ex. : Elle a reçu un **SERVICE DE VERRES** en cadeau de noces.

IMP

 VERRERIE : Fabrique de verre. Objets en verre.
Ex. : La verrerie Marchand emploie vingt ouvriers. La verrerie égyptienne est parmi les plus anciennes.

 VERSATILE  **UNIVERSEL; TOUT USAGE; POLYVALENT**

 Se dit de quelqu'un qui a des talents variés, qui peut s'adapter à toutes les situations. Se dit aussi de choses dont on peut faire de multiples usages.

Ces sens de *versatile* sont empruntés à l'anglais *versatile*. Ce mot a un sens péjoratif en français.
Ex. : C'est une artiste vraiment **UNIVERSELLE**; elle est aussi à l'aise dans la comédie que dans la tragédie. Petit couteau **TOUT USAGE**. C'est un professeur **POLYVALENT**.

ANG IMP

VERSATILE : Changeant, instable.
Ex. : Son échec l'a rendu versatile.

VESTE **GILET**

 Pièce du complet sans manches portée sous le veston.

Il ne faut pas confondre *veste* et **gilet** lorsqu'il s'agit du complet masculin.

Ex. : Le **GILET** fait partie d'un complet trois pièces.

IMP

 VESTE : Vêtement court avec manches ouvert à l'avant.

Ex. : La **VESTE** de laine de grand-mère.

 VÉTÉRAN  **ANCIEN COMBATTANT**

 Personne qui a participé à une guerre.

Le mot français *vétéran* possède un sens plus large et a un caractère chronologique. L'expression propre est ***ancien combattant***.

Ex. : Le meurtrier est un **ANCIEN COMBATTANT** de la guerre du Vietnam.

IMP ANG ARC

 VÉTÉRAN : Personne qui a une longue pratique d'un domaine.

Ex. : C'est un vétéran de la médecine vétérinaire; il la pratique depuis quarante ans.

 VIDANGES  **ORDURES (MÉNAGÈRES)**

 Déchets domestiques.

Impropriété. L'usage a consacré *ordures (ménagères)* dans cet emploi.

Ex. : La collecte des **ORDURES (MÉNAGÈRES)** se fait tous les mardis. La firme possède un parc de cinquante camions à **ORDURES**.

V. aussi VIDANGEUR

IMP

VIDANGE : Action de vider.

Ex. : Faire la vidange d'huile de sa voiture.

VIDANGEUR  ÉBOUEUR; BOUEUR

 Préposé à l'enlèvement des ordures ménagères.

Même impropriété que pour *vidanges*. Le terme correct est *éboueur* ou *boueur*.
Ex. : La grève des **ÉBOUEURS** menace la santé publique.

V. aussi VIDANGES

IMP

 VIDANGEUR : Celui qui vide une fosse d'aisances.
Ex. : Le métier de vidangeur est insalubre.

 VOÛTE (1)  CHAMBRE FORTE

 Pièce blindée où une banque ou un établissement financier conservent les objets de valeur.

Calque de l'anglais *vault*. Le mot *voûte* n'a pas ce sens.
Il faut le remplacer par *chambre forte*.
Ex. : Les voleurs ont réussi à s'introduire dans la
CHAMBRE FORTE de la banque.

ANG IMP

 VOÛTE : Ouvrage de maçonnerie cintré s'appuyant sur des murs ou des colonnes.
Ex. : La voûte de l'église est peinte en bleu.

 VOÛTE (2) CAVE

 Entrepôt souterrain, situé sous une construction.

Calque de l'anglais *vault*. En français, une cave peut être voûtée, mais elle n'est pas une voûte.
Ex. : Les **CAVES** de la maison Talon. Il y avait des trésors dans les **CAVES** du château.

ANG IMP

W

 WALKMAN  **BALADEUR**

Récepteur radio, souvent doublé d'un lecteur de cassettes, muni d'un casque d'écoute léger qui permet d'écouter la musique tout en marchant.

Marque de commerce d'un fabricant qu'il convient de remplacer par le terme proposé.
Ex. : Elle monta dans l'autobus tout en écoutant son **BALADEUR**.

ANG

BIBLIOGRAPHIE

COMITÉ DE LINGUISTIQUE, *Fiches*, Montréal, Société Radio-Canada, sans périodicité fixe, depuis 1960.

COMMISSION DE TERMINOLOGIE, *Répertoire des avis linguistiques et terminologiques*, Québec, Office de la langue française, 3ᵉ éd., 1989, 251 p.

DE VILLERS, Marie-Éva, *Multidictionnaire des difficultés de la langue française*, Montréal, Québec Amérique, 1992, 1325 p.

DUBOIS, Jean, *Larousse de la langue française (Lexis)*, Paris, Larousse, 1977, 2 vol.

DUBUC, Robert, *Objectif 200, deux cents fautes de langage à corriger*, Montréal, Leméac-Radio-Canada, 1971, 133 p.

DUBUC, Robert, *Une grammaire pour écrire*, Brossard, (Québec), Linguatech éditeur inc., 1996, 262 p.

GÉMAR, J.-C., et Vo HO-THUY, *Difficultés du langage du droit au Canada*, Cowansville (Québec), Yvon-Blais-Linguatech, 1990, 205 p.

LECLERC, Jacques, *Le français scientifique : guide de rédaction et de vulgarisation*, Brossard (Québec), Linguatech éditeur inc., 1999, 377 p.

ROBERT, Paul, *Grand Robert de la langue française*, Paris, Le Robert, 2ᵉ éd., 1985, 9 vol.

ROBERT, Paul, *Nouveau Petit Robert*, Paris, Le Robert, 1993, 2492 p.

SERVICE DE LINGUISTIQUE, *Que dire?*, Montréal, Société Radio-Canada, hebdomadaire, 1971-1990.

Webster's Ninth New Collegiate Dictionary, Springfield (Mass.), Merriam-Webster, 1986, 1562 p.

EXERCICES PRATIQUES

PREMIER EXERCICE
(de À CHAQUE à ABUS SEXUEL)

Encerclez, dans les phrases qui suivent, les expressions en italique qui sont correctes.

1. *À chaque fois* qu'elle vient me voir, on se dispute.

2. Il n'a pas donné signe de vie *jusqu'à maintenant*.

3. *La nouvelle qu'*il était malade m'a bouleversé.

4. Il est *à l'emploi de* la société Samer depuis cinq ans.

5. Il faut cueillir les raisins lorsqu'ils sont *à leur meilleur*.

6. Venez nous voir *tous les* jeudis.

7. *En réalité*, ce contrat ne s'applique qu'à quelques cas précis.

8. Je vous adresse ces quelques billets *à toutes fins utiles*.

9. Les enfants assoiffés se pressaient autour de l'*abreuvoir*.

10. Les *abus sexuels* contre les enfants sont de plus en plus fréquents.

11. Elle menait chaque matin son cheval à l'*abreuvoir*.

12. L'information *à l'effet qu'*il était malade m'a bouleversé.

13. *À toutes fins pratiques*, c'est un escroc en dépit de ses airs de sainte nitouche.

14. *À date*, j'ai réussi trois épreuves.

15. Il *travaille pour* cette société depuis quatre ans.

CALCUL DES POINTS
Comptez 5 points pour chacune des expressions suivantes qui ont été encerclées.

SOLUTIONS
2. jusqu'à maintenant; 3. La nouvelle que; 6. tous les; 7. En réalité; 8. à toutes fins utiles; 11. abreuvoir; 15. travaille pour.

Si vous n'avez pas obtenu au moins 25 points,
reprenez l'exercice.

DEUXIÈME EXERCICE
(de ACADÉMIQUE à ADRESSER UN PROBLÈME)

Encerclez, dans les phrases qui suivent, les expressions en italique qui sont fautives.

1. Pour les écoles primaires, l'*année académique* se termine la veille de la Saint-Jean.

2. Le nouvel hôtel peut *recevoir* deux cents voyageurs.

3. *Me rendriez-vous service* en me prêtant une vingtaine de dollars?

4. La Haute-Gatineau manque d'*accommodations* pour les touristes.

5. S'il a payé son commerce si cher, c'est que l'établissement a une *survaleur* incontestable.

6. L'*administration* Clinton hésite à reconnaître le droit des homosexuels à faire partie de l'armée.

7. Le *prix d'admission* dans les théâtres d'été est jugé trop élevé.

8. Il *adressa l'auditoire* en vantant les mérites du candidat.

9. Il *a adressé la parole* à l'assemblée.

10. Cet orateur-né enthousiasme les foules chaque fois qu'*il prend la parole*.

11. Les gouvernements hésitent à *adresser le problème* du chômage.

12. Il se réjouit de son *admission* à la Société des auteurs.

13. La région est dotée d'excellentes *installations hôtelières*.

14. Fonctionnaire exemplaire, il a passé quarante ans de sa vie dans l'*administration*.

15. Sur une pancarte, on pouvait lire : *pas d'admission*.

CALCUL DES POINTS

Comptez 5 points pour chacune des expressions suivantes qui ont été encerclées.

SOLUTIONS

1. année académique; 4. accommodations; 6. administration; 7. prix d'admission; 8. adressa l'auditoire; 11. adresser le problème; 15. pas d'admission.

Si vous n'avez pas obtenu au moins 25 points,
reprenez l'exercice.

TROISIÈME EXERCICE
(de AGENDA à ANNÉE DE CALENDRIER)

Indiquez par les lettres C ou I si les mots ou expressions en italique sont corrects ou incorrects.

1. L'*agenda* de la réunion est trop chargé. ( )
2. L'*agenda* du ministre est tenu par sa secrétaire. ( )
3. Il nous faut des patrons *agressifs*. ( )
4. Il est devenu si *agressif* qu'il a fallu l'interner. ( )
5. La députée veut *aller en appel* de sa condamnation. ( )
6. La nouvelle est arrivée au moment où *nous allions sous presse*. ( )
7. Tu t'amuses *alors que* nous travaillons. ( )
8. Le magasin est fermé durant les *altérations*. ( )
9. Le prix indiqué comprend les *retouches*. ( )
10. La Ville majore l'impôt pour *améliorations locales*. ( )
11. Il faut compter quinze jours par *année civile*. ( )
12. Il y a eu *altération* de ces produits par la chaleur. ( )
13. Je veux *en appeler* de cette décision injuste. ( )
14. La Ville entreprend des *travaux de voirie* dans les rues Malo et Liège. ( )
15. Je me trouve devant une *alternative* pénible : ou le renvoyer ou lui donner une sanction exemplaire. ( )

CALCUL DES POINTS

Comptez 10 points pour chaque réponse qui correspond au corrigé ci-après. Enlevez 10 points pour chaque erreur. Ne comptez rien pour les non-réponses.

SOLUTIONS

1. I; 2. C; 3. I; 4. C; 5. I; 6. I; 7. C; 8. I; 9. C; 10. I; 11. C; 12. C; 13. C; 14. C; 15. C.

Si vous n'avez pas obtenu au moins 100 points,
reprenez l'exercice.

QUATRIÈME EXERCICE
(de ANNÉE FISCALE à ASSAUT)

Indiquez par les lettres C ou I si les mots ou expressions en italique sont corrects ou incorrects.

1. L'*exercice* des entreprises ne correspond pas toujours à l'année civile. ( )

2. L'*année fiscale* de l'entreprise se termine le 31 mars. ( )

3. Il conteste la politique *fiscale* du gouvernement. ( )

4. Le président doit *appeler une réunion* pour demain. ( )

5. Je veux *faire application* pour ce poste. ( )

6. Il *a posé sa candidature* comme ingénieur. ( )

7. *Faire des applications* d'onguent trois fois par jour. ( )

8. Après que les oiseaux *ont émigré,* la nature est triste. ( )

9. Elle s'est suicidée après que son ami *se soit enfui.* ( )

10. Faire du *ski nautique* exige beaucoup d'adresse. ( )

11. La *sécurité aquatique* permet d'éviter des accidents. ( )

12. Les animaux *aquatiques* doivent être protégés. ( )

13. Il réclame des *argents* supplémentaires pour son projet. ( )

14. Si *diserte* qu'elle soit, elle prépare avec soin ses interventions. ( )

15. Il a été accusé d'*assaut* contre un policier. ( )

CALCUL DES POINTS

Comptez 10 points pour chaque réponse qui correspond au corrigé ci-après. Enlevez 10 points pour chaque erreur. Ne comptez rien pour les non-réponses.

SOLUTIONS

1. C; 2. I; 3. C; 4. I; 5. I; 6. C; 7. C; 8. C; 9. I; 10. C; 11. I; 12. C; 13. I; 14. C; 15. I.

Si vous n'avez pas obtenu au moins 100 points,
reprenez l'exercice.

CINQUIÈME EXERCICE
(de ASSEMBLÉE GÉNÉRALE SPÉCIALE à AVOIR LES BLEUS)

Inscrivez l'expression qui convient dans le blanc réservé à cette fin.

1. Les actionnaires sont convoqués à une _____.

    a) assemblée générale spéciale
    b) assemblée dite spéciale
    c) assemblée générale extraordinaire

2. Il faudra assigner _____.

    a) une tâche à Raymond
    b) Raymond à une tâche
    c) Raymond au travail de nuit

3. Le patron affecte _____.

    a) Germaine à un travail difficile
    b) à Germaine un travail difficile
    c) un travail de nuit à Germaine

4. Pour justifier sa décision, le juge dit avoir étudié la
question _____.

    a) au mérite
    b) au fond
    c) à fond

5. Quelqu'un arrive sur la scène et demande : « Y a-t-il un
médecin _____? »

    a) dans l'auditoire
    b) dans l'audience
    c) dans l'auditorat

6. Les combats ont repris _____ que le nombre des
blessés augmente de façon alarmante.

    a) si bien
    b) parce
    c) avec le résultat

7. Il faudrait un _____ en raison du manque
d'expérience des membres du comité.

  a) aviseur
  b) tuteur
  c) conseiller

8. Les complexités de la loi nous obligent à consulter
un _____.

  a) conseiller juridique
  b) aviseur légal
  c) conseiller légal

9. Après l'échec de sa pièce, il a eu _____.

  a) le cafard
  b) les bleus
  c) la déprime

10. Cette mesure a été jugée _____.

  a) légale
  b) juridique
  c) judiciaire

CALCUL DES POINTS

Comptez 10 points par bonne réponse et enlevez-en 10 par mauvaise.
Ne comptez rien pour les non-réponses.

SOLUTIONS

1. c; 2. a; 3. a; 4. b (c évoque une autre idée que l'objectivité); 5. a
(c est une mauvaise cooccurrence); 6. a; 7. b; 8. a; 9. a (c appelle une
mauvaise cooccurrence et un écart de niveau de langue); 10. a.

Si vous n'avez pas obtenu au moins 70 points,
reprenez l'exercice.

SIXIÈME EXERCICE
(de BÂCLER à BIENVENUE)

Inscrivez l'expression qui convient dans le blanc réservé à cette fin.

1. Après de longues délibérations, l'affaire a été_____
   à la satisfaction de tous.

   a) conclue
   b) bâclée
   c) soldée

2. Les élèves de cinquième secondaire ont loué chacun un habit pour
   leur bal de_____.

   a) fin d'études
   b) graduation
   c) la collation des grades

3. Après un retrait de 1000 $, votre compte affiche _____
   de 350 $.

   a) une balance
   b) un résidu
   c) un solde

4. Ses créanciers ont acculé cet honnête commerçant _____.

   a) à la banqueroute
   b) à la faillite
   c) au concordat

5. Elle retire des _____ d'assurance-chômage.

   a) bénéfices
   b) prestations
   c) allocations

6. Les _____ que ce salarié retire sous la
   forme de congés, de cotisations de retraite et d'assurances diverses
   représentent le quart de sa rémunération.

   a) avantages marginaux
   b) avantages sociaux
   c) bénéfices sociaux

7. Leurs intérêts étant en cause, les journaux sont tous
_____ dans cette affaire.

   a) partiaux
   b) biaisés
   c) focussés

8. Ce champion a _____ dans le match d'hier : il a
marqué deux buts.

   a) excellé
   b) bien agi
   c) bien fait

9. Ayant perdu son emploi, elle se voit contrainte à toucher des
prestations _____.

   a) de bien-être
   b) d'aide sociale
   c) de secours direct

10. Quand on vous remercie, il est d'usage de répondre :
_____.

   a) il n'y a pas de quoi
   b) je vous en prie
   c) bienvenue

CALCUL DES POINTS

Comptez 10 points par bonne réponse et enlevez-en 10 par mauvaise.
Ne comptez rien pour les non-réponses.

SOLUTIONS

1. a; 2. a; 3. c; 4. b (c marque une mauvaise cooccurrence avec le
verbe); 5. b; 6. b; 7. a; 8. a; 9. b; 10. a ou b.

Si vous n'avez pas obtenu au moins 70 points,
reprenez l'exercice.

SEPTIÈME EXERCICE
(de BILLET à BROCHEUSE)

Encerclez la lettre qui précède la bonne réponse.

1. BILLET au sens d'attestation d'infraction est

   a) une extension du sens de BILLET DE BANQUE
   b) une extension du sens de BILLET DE THÉÂTRE
   c) une traduction littérale de l'anglais *ticket*

2. L'expression BILLET COMPLIMENTAIRE

   a) est un anglicisme
   b) est une forme de compliment
   c) désigne correctement un billet offert gracieusement

3. L'expression BLANC DE MÉMOIRE

   a) désigne une forme de lessivage de cerveau
   b) traduit correctement l'anglais *memory blank*
   c) doit être remplacée par TROU DE MÉMOIRE

4. BONI au sens d'avantage ou de récompense

   a) est un dérivé de l'adjectif BON
   b) doit être remplacé par PRIME
   c) doit être remplacé par BONUS

5. BONUS au sens d'avantage accordé à l'achat d'un bien

   a) doit être remplacé par BONI
   b) est une forme latine acceptée en français
   c) doit être remplacé par PRIME

6. BONUS au sens de supplément de rémunération pour compenser l'inflation

   a) est correct
   b) doit être remplacé par INDEMNITÉ DE VIE CHÈRE
   c) doit être remplacé par BONI

7. Le mot BRASSIÈRE, sous-vêtement féminin,

   a) désigne une bande de tissu entourant le bras
   b) est un anglicisme qu'il faut remplacer par SOUTIEN-GORGE
   c) est un canadianisme de bon aloi

8. BREUVAGE au sens de liquide qu'on prend pour se désaltérer ou pour son agrément

    a) est synonyme de BOISSON ALCOOLIQUE

    b) est à la fois un archaïsme et un anglicisme

    c) désigne correctement le thé ou le café qu'on prend à la fin d'un repas

9. BRIS DE CONTRAT au sens d'infraction qui annule les effets d'un contrat

    a) est une expression juridique correcte

    b) est un calque de *breach of contract* qu'il faut rendre par RUPTURE DE CONTRAT

    c) désigne un dommage matériel irréparable

10. Le mot BROCHEUSE

    a) désigne correctement un attache-feuille mécanique

    b) désigne correctement une machine à relier les livres ou les brochures

    c) est un calque de l'anglais *stapler*

CALCUL DES POINTS

Comptez 10 points par bonne réponse et enlevez-en 10 par mauvaise. Ne comptez rien pour les non-réponses.

SOLUTIONS

1. c; 2. a; 3. c; 4. b; 5. c; 6. b; 7. b; 8. b; 9. b; 10. b.

Si vous n'avez pas obtenu au moins 70 points,
reprenez l'exercice.

HUITIÈME EXERCICE
(de BRÛLEMENT D'ESTOMAC à CÉDULE)

Encerclez la lettre qui précède la bonne réponse.

1. BRÛLEMENT D'ESTOMAC

   a) désigne une forme bénigne de cancer
   b) est une expression dialectale qui correspond à BRÛLURE D'ESTOMAC en français général
   c) est un calque de l'anglais *heartburn*

2. BUREAU-CHEF

   a) est un synonyme incorrect du terme SIÈGE SOCIAL
   b) désigne un bureau de direction
   c) désigne un meuble secrétaire particulièrement spacieux

3. CADRAN

   a) est un mot désignant un instrument de mesure des angles
   b) désigne la surface d'une pendule, d'une montre ou d'une horloge où les aiguilles marquent l'heure
   c) désigne un réveille-matin

4. CAMÉRA désigne

   a) une chambre noire
   b) un appareil de prise de vues cinématographiques
   c) un appareil pour prendre des photos

5. CANCELLER

   a) signifie mettre un sceau sur quelque chose
   b) signifie contremander lorsqu'on l'applique à une réunion
   c) est un anglicisme tiré de *to cancel* qu'on doit remplacer par ANNULER, CONTREMANDER, DÉCLARER NUL, selon les cas

6. CARTE D'IDENTIFICATION

   a) désigne une carte topographique
   b) est le nom français du joker dans un jeu de cartes
   c) est une appellation impropre de la carte d'identité

7. CARTE DE TEMPS

a) est un mauvais équivalent de FICHE DE PRÉSENCE
b) désigne une carte météorologique
c) désigne une carte fantaisiste décrivant les étapes de la vie

8. CASIER

a) désigne une petite boîte ou un compartiment où l'on range des choses
b) désigne un ensemble de cases formant un tout
c) correspond à un élément d'une adresse postale

9. CASIER POSTAL désigne

a) correctement le compartiment destiné à recevoir le courrier de quelqu'un dans un bureau de poste
b) incorrectement le compartiment destiné à recevoir le courrier de quelqu'un dans un bureau de poste
c) correctement la partie d'une adresse qui précise le lieu de dépôt du courrier

10. CÉDULE désigne

a) une forme de calcul biliaire
b) correctement la liste des rencontres des équipes sportives faisant partie d'un même circuit
c) improprement un calendrier de travail

CALCUL DES POINTS

Comptez 10 points par bonne réponse et enlevez-en 10 par mauvaise. Ne comptez rien pour les non-réponses.

SOLUTIONS

1. b; 2. a; 3. b; 4. b; 5. c; 6. c; 7. a; 8. b; 9. b; 10. c.

Si vous n'avez pas obtenu au moins 70 points,
reprenez l'exercice.

NEUVIÈME EXERCICE

(de CÉDULE DES CHEMINS DE FER à CI-BAS)

Indiquez par un X à l'endroit voulu si l'énoncé est vrai ou faux.

	Vrai	Faux
1. Ce qu'on nomme CÉDULE DES CHEMINS DE FER devrait s'appeler INDICATEUR DES CHEMINS DE FER.	( )	( )
2. CÉDULER, c'est proprement dresser des horaires.	( )	( )
3. Ce qu'on nomme au Canada CENTRE D'ACHATS s'appelle ailleurs dans la francophonie CENTRE COMMERCIAL.	( )	( )
4. Le mot chambre désigne correctement toute pièce d'un appartement.	( )	( )
5. L'expression CHAMBRE DES JOUEURS représente un emploi technique du mot CHAMBRE, comme CHAMBRE FORTE, CHAMBRE NOIRE, CHAMBRE À GAZ.	( )	( )
6. Le mot CHANGE désigne correctement la petite monnaie.	( )	( )
7. CHAQUE TROIS MOIS est une tournure de la langue populaire qu'il faut remplacer par TOUS LES TROIS MOIS à un niveau plus soutenu.	( )	( )
8. On peut charger un camion, non une dépense.	( )	( )
9. Demander un prix pour faire un travail se dit correctement CHARGER.	( )	( )
10. Pour se référer à un énoncé qui se situe plus loin dans le texte, on emploie correctement CI-APRÈS, CI-DESSOUS ou PLUS BAS, mais non CI-BAS.	( )	( )

CALCUL DES POINTS

Comptez 10 points par bonne réponse et enlevez-en 10 par mauvaise.
Ne comptez rien pour les non-réponses.

SOLUTIONS

1. V; 2. F; 3. V; 4. F; 5. F; 6. F; 7. V; 8. V; 9. F; 10. V.

Si vous n'avez pas obtenu au moins 70 points,
reprenez l'exercice.

DIXIÈME EXERCICE
(de CI-HAUT à COLLECTER DES COMPTES)

Indiquez par un X à l'endroit voulu si l'énoncé est vrai ou faux.

	Vrai	Faux
1. CI-HAUT est une expression reçue et correcte à utiliser lorsqu'on se réfère à un énoncé qui précède l'énoncé de référence.	( )	( )
2. Pour un journal, le nombre d'exemplaires tirés s'appelle CIRCULATION.	( )	( )
3. CIRER DES SKIS est une expression qui manque de précision.	( )	( )
4. L'adjectif CORPORATIF est un anglicisme lorsqu'il signifie relatif à une société commerciale.	( )	( )
5. L'adjectif CIVIQUE est employé proprement dans les expressions suivantes : CONGÉ CIVIQUE, HÔPITAL CIVIQUE, FUNÉRAILLES CIVIQUES.	( )	( )
6. Le mot CLINIQUE est employé proprement dans les expressions suivantes : une CLINIQUE DE HOCKEY, UNE CLINIQUE DE SANG.	( )	( )
7. Il est correct de parler d'une COLLECTE DE SANG.	( )	( )
8. L'adjectif CLÉRICAL signifie relatif au clergé.	( )	( )
9. Un établissement où l'on dispense des soins médicaux est proprement une CLINIQUE.	( )	( )
10. Percevoir des comptes en souffrance, c'est les RECOUVRER.	( )	( )

CALCUL DES POINTS

Comptez 10 points par bonne réponse et enlevez-en 10 par mauvaise.
Ne comptez rien pour les non-réponses.

SOLUTIONS

1. F; 2. F; 3. V; 4. V; 5. F; 6. F; 7. V; 8. V; 9. V; 10. V.

Si vous n'avez pas obtenu au moins 70 points,
reprenez l'exercice.

ONZIÈME EXERCICE
(de COMME QUESTION DE FAIT à DÉFINITIVEMENT)

Encerclez *l'anglicisme* dans les séries synonymiques suivantes.

1. De fait, en réalité, comme question de fait, à vrai dire.

2. Confronter des difficultés, être confronté à des difficultés, se heurter à des difficultés.

3. Prévisions prudentes, prévisions conservatrices, prévisions modérées.

4. Contracteur, entrepreneur, lotisseur.

5. Exemplaire, copie, épreuve (d'un journal).

6. Photocopie, double, copie carbone.

7. Couper, réduire, comprimer (les dépenses).

8. Compression, réduction, coupure (de personnel).

9. Courses sous harnais, courses attelées, course de trot.

10. Absolument, définitivement, certainement, assurément.

CALCUL DES POINTS

Comptez 10 points par bonne réponse.

SOLUTIONS

1. comme question de fait	2. confronter des difficultés
3. prévisions conservatrices	4. contracteur
5. copie	6. copie carbone
7. couper	8. coupure
9. courses sous harnais	10. définitivement

Si vous n'avez pas obtenu au moins 70 points,
reprenez l'exercice.

DOUZIÈME EXERCICE
(de COMMÉMORER UN ANNIVERSAIRE à
CUEILLETTE DES DONNÉES)

Encerclez *l'expression correcte* dans les séries synonymiques suivantes.

1. Célébrer, festoyer, commémorer un anniversaire.

2. Conciergerie, immeuble d'habitation, maison à appartements.

3. Congé non payé, congé sans solde, congé sans paye.

4. Feuilleton, roman-savon, continuité.

5. Coutellerie, service de couverts, couteaux.

6. Couvert dur, couvert cartonné, couverture cartonnée (d'un livre).

7. Couronne, couvert, couvercle (d'un récipient).

8. Carter, couvert, housse (d'un clavier d'ordinateur).

9. Couverte, couverture, confortable (literie).

10. Ramassage des données, cueillette des données, collecte des données.

CALCUL DES POINTS

Comptez 10 points par bonne réponse.

SOLUTIONS

1. célébrer	2. immeuble d'habitation
3. congé non payé	4. feuilleton
5. service de couverts	6. couverture cartonnée
7. couvercle	8. housse
9. couverture	10. collecte des données

Si vous n'avez pas obtenu au moins 70 points,
reprenez l'exercice.

TREIZIÈME EXERCICE
(de CRIME à DÉNOMINATION)

Corrigez, s'il y a lieu, les phrases suivantes.

1. Le vol à l'étalage est un crime.

2. La collecte des données est une étape capitale de la recherche.

3. La cueillette des ordures se fait les lundis et jeudis.

4. La cueillette des fraises n'est pas très lucrative.

5. Le concert débute par le concerto italien de Bach.

6. Il s'est définitivement trompé dans ses calculs.

7. La députée fait défrayer ses dépenses à même les fonds publics.

8. Je voudrais vous poser une question.

9. Toutes les dénominations religieuses ont droit de cité dans ce pays.

10. Donnez-moi 1000 $ en dénominations de 100 et de 50.

CALCUL DES POINTS
Comptez 10 points par bonne réponse.

SOLUTIONS
1. Le vol à l'étalage est un délit.
2. (correct)
3. L'enlèvement/le ramassage des ordures…
4. (correct)
5. (correct)
6. Il s'est certainement trompé…
7. La députée se fait défrayer à même les fonds publics.
8. (correct)
9. Toutes les confessions religieuses…
10. Donnez-moi 1000 $ en coupures de…

Si vous n'avez pas obtenu au moins 70 points,
reprenez l'exercice.

188

QUATORZIÈME EXERCICE
(de DÉPENDAMMENT à DÎNER D'ÉTAT)

Corrigez, s'il y a lieu, les phrases suivantes.

1. Dépendamment de l'attitude qu'ils adopteront, il faudra soit écarter, soit reprendre le dossier.

2. Selon ce que vous déciderez, je me rendrai à Amos ou je resterai ici.

3. La pluie a gâché les derniers dix jours de mes vacances.

4. Les trois derniers lits sont réservés aux cas urgents.

5. Elle habite dans un développement domiciliaire à la périphérie de Trois-Rivières.

6. Les développeurs contribuent à la croissance de nos villes.

7. L'inspecteur a fait le relevé des empreintes digitales.

8. Elle désire une montre digitale.

9. La première ministre a donné un grand banquet en l'honneur du jeune héros.

10. Mon rêve serait d'assister à un dîner d'État assis à ses côtés.

CALCUL DES POINTS

Comptez 10 points par bonne réponse.

SOLUTIONS

1. Selon l'attitude qu'ils adopteront…
2. (correct)
3. La pluie a gâché les dix derniers jours…
4. (correct)
5. Elle habite un lotissement domiciliaire…
6. Les lotisseurs/promoteurs immobiliers contribuent…
7. (correct)
8. Elle désire une montre (à affichage) numérique.
9. (correct)
10. Mon rêve serait d'assister à un dîner officiel…

Si vous n'avez pas obtenu au moins 70 points,
reprenez l'exercice.

QUINZIÈME EXERCICE
(de DIRECTEUR à ÉDITEUR)

Appariez correctement les mots de la colonne de gauche et ceux de la colonne de droite.

1. Un administrateur
2. Tomber en disgrâce
3. Disposer
4. Le marché
5. Des travaux
6. Un remède
7. Un directeur
8. Se débarrasser
9. Un éditeur
10. Une conduite

a) des ventes
b) d'une voiture de fonction
c) des ordures
d) ignominieuse
e) spécialisé dans le livre d'art
f) d'une société commerciale
g) auprès du premier ministre
h) intérieur du Canada
i) domestiques
j) drastique

CALCUL DES POINTS

Comptez 10 points par paire correcte.

SOLUTIONS

1. f; 2. g; 3. b; 4. h; 5. i; 6. j; 7. a; 8. c; 9. e; 10. d.

Si vous n'avez pas obtenu au moins 70 points,
reprenez l'exercice.

SEIZIÈME EXERCICE
(de ÉLABORER SUR à EN CAMPAGNE)

Appariez correctement les mots de la colonne de gauche et ceux de la colonne de droite.

1. Élaborer	a) à un emploi
2. Être éligible	b) un permis de conduire
3. Être admissible	c) un plan de relance
4. Délivrer	d) en bon ordre
5. Émettre	e) en campagne
6. Après la défaite, les troupes se retirent	f) une décision critiquable du magistrat
7. Une voiture d'occasion	g) à la campagne
8. Armés jusqu'aux dents, les soldats partent	h) en bon état
9. Julie passe la fin de semaine	i) un chèque
10. Le journaliste commente	j) comme député

CALCUL DES POINTS

Comptez 10 points par paire correcte.

SOLUTIONS

1. c; 2. j; 3. a; 4. b; 5. i; 6. d; 7. h; 8. e; 9. g; 10. f.

Si vous n'avez pas obtenu au moins 70 points, reprenez l'exercice.

DIX-SEPTIÈME EXERCICE
(de EN AUTANT DE à EN RAPPORT AVEC)

Identifiez la faute (erreur de syntaxe, impropriété, archaïsme, mauvaise cooccurrence, anglicisme, régionalisme) que représente l'expression en italique.

1. Pour la deuxième fois *en autant de* jours.

_____

2. *En autant que* je sache, cet homme est au-dessus de tout soupçon.

_____

3. *En autant que je suis concerné,* il peut démissionner quand il voudra.

_____

4. Veuillez faire rapport *en dedans de* dix jours.

_____

5. Il est mort *en devoir.*

_____

6. La loi entre *en force* à minuit.

_____

7. L'usine est *en opération* depuis quelque temps.

_____

8. Son passeport n'est pas *en ordre.*

_____

9. Il y a une réunion *en progrès* dans la salle.

_____

10. Il a été arrêté *en rapport avec* le meurtre commis hier.

_____

CALCUL DES POINTS

Comptez 10 points par bonne réponse.

SOLUTIONS

1. erreur de syntaxe
2. erreur de syntaxe
3. erreur de syntaxe/anglicisme
4. erreur de syntaxe
5. anglicisme
6. anglicisme/impropriété
7. anglicisme/impropriété
8. anglicisme/impropriété
9. anglicisme/impropriété
10. impropriété/erreur de syntaxe

Si vous n'avez pas obtenu au moins 70 points,
reprenez l'exercice.

DIX-HUITIÈME EXERCICE
(de EN DEDANS DE à ERREUR CLÉRICALE)

Choisissez dans les expressions proposées celle qui corrige le mieux l'expression fautive.

1. La commission doit faire enquête *en dedans de* dix jours.

> a) en moins de
> b) dans les
> c) en

2. Ce pompier est mort *en devoir.*

> a) de garde
> b) de service
> c) en service

3. La loi est *en force* depuis hier.

> a) en vigueur
> b) en effet
> c) adoptée

4. Ne pas réparer l'appareil lorsqu'il est *en opération.*

> a) en activité
> b) en exploitation
> c) en marche

5. Son passeport est *en ordre.*

> a) en règle
> b) en loi
> c) en bon ordre

6. Il est arrivé *en temps* pour prendre l'avion.

> a) à l'heure
> b) à point nommé
> c) à temps

7. Signez votre copie du contrat *à l'endos de* la première page.

> a) au verso de
> b) en endossant
> c) au dos de

8. Participer *à l'énumération* en vue des élections.

   a) au décompte
   b) au compte
   c) au recensement

9. L'*équité* de son patrimoine se ramène à peu de chose une fois les dettes payées.

   a) la justice
   b) la légalité
   c) la situation nette

10. Les erreurs *cléricales* sont souvent jugées insignifiantes par le chef du service.

   a) d'écriture
   b) des clercs
   c) du clergé

CALCUL DES POINTS

Comptez 10 points par bonne réponse et enlevez-en 10 par mauvaise. Ne comptez rien pour les non-réponses.

SOLUTIONS

1. b. Pour indiquer un délai, DANS LES est préférable.

2. c. EN SERVICE ou EN SERVICE COMMANDÉ.

3. a. Une loi peut être adoptée sans être en vigueur.

4. c. EN ACTIVITÉ ou EN EXPLOITATION ne se disent pas pour un appareil.

5. a.

6. c. Seul À TEMPS introduit la nuance « pour faire quelque chose ».
   À L'HEURE insiste sur la ponctualité et À POINT NOMMÉ sur l'opportunité.

7. a.

8. c.

9. c.

10. a.

Si vous n'avez pas obtenu au moins 70 points,
reprenez l'exercice.

DIX-NEUVIÈME EXERCICE
(de ESCOMPTE à ÊTRE LOCALISÉ)

Choisissez dans les expressions proposées celle qui corrige le mieux l'expression erronée.

1. À l'occasion de la promotion du lundi, on accorde un *escompte* de 30 % sur la literie.
    a) rabais
    b) remise
    c) réduction

2. L'entrepreneur a fait l'*estimé* du coût des travaux.
    a) évaluation
    b) estimation
    c) prévision

3. Il *est à l'emploi de* la United Copper depuis treize ans.
    a) est au service de
    b) est un employé de
    c) travaille pour

4. Il *est à sa pension* depuis l'an dernier.
    a) est à la retraite
    b) est pensionné
    c) est en retraite

5. Samson était *à son meilleur* lorsque ses cheveux étaient longs.
    a) à son mieux
    b) au sommet de sa force
    c) plus fort

6. Si son entreprise réussit si bien, c'est que Julius *est d'affaires*.
    a) fait des affaires
    b) a des affaires
    c) s'entend bien aux affaires

7. *Je suis dû pour* des vacances.
    a) Je suis obligé de prendre
    b) Il est grand temps que je prenne
    c) Il m'est agréable de prendre

8. Michèle est *en charge des* infirmières.
    a) chargée
    b) chef
    c) responsable

9. *La rondelle est en possession de Marchand.*
   a) Marchand possède la rondelle.
   b) Marchand est en possession de la rondelle.
   c) La rondelle est la possession de Marchand.

10. C'est un charmant petit café *localisé* rue Saint-Laurent.
   a) situé
   b) en opération
   c) édifié

CALCUL DES POINTS

Comptez 10 points par bonne réponse et enlevez-en 10 par mauvaise.
Ne comptez rien pour les non-réponses.

SOLUTIONS

1. a. REMISE se dit d'une réduction pour achat en quantité ou pour marchandises avariées; RÉDUCTION se dit de tout abaissement du prix de vente quelle qu'en soit la raison.

2. b. ÉVALUATION a une valeur de constat; PRÉVISION n'a pas nécessairement le sens de détermination mathématique d'un coût.

3. c. ÊTRE AU SERVICE DE se dit pour un emploi domestique; EMPLOYÉ (nom) désigne quelqu'un qui occupe un emploi non manuel.

4. a. La RETRAITE, c'est la cessation de la vie professionnelle active. ÊTRE PENSIONNÉ, c'est toucher une pension pour n'importe quelle raison, un PENSIONNÉ n'est pas nécessairement retraité ÊTRE EN RETRAITE, c'est être en déroute devant l'ennemi.

5. b. L'emploi du possessif avec le superlatif « à son meilleur » ou le comparatif « à son mieux » semble d'une syntaxe douteuse. Le comparatif PLUS FORT ne marque pas le point maximal comme le veut l'énoncé.

6. c. Seul c peut être la cause réelle du succès exceptionnel de Julius.

7. b.

8. c. CHARGÉ DE se dit plutôt en parlant de choses. CHEF implique une charge hiérarchique que l'énoncé ne comporte pas nécessairement.

9. b. ÊTRE EN POSSESSION DE signifie détenir. C'est le sens qui nous intéresse dans cet énoncé. Il ne s'agit pas de propriété.

10. a. EN OPÉRATION est un anglicisme; ÉDIFIÉ ne convient pas à l'énoncé.

Si vous n'avez pas obtenu au moins 70 points,
reprenez l'exercice.

VINGTIÈME EXERCICE
(de ÊTRE SATISFAIT QUE à EXÉCUTIF)

Des énoncés appariés, encerclez la lettre qui précède celui qui est correct.

1. a) Le ministre est satisfait de sa servante.
   b) Le ministre est satisfait que la police a tout fait pour éviter l'émeute.

2. a) Elle avait l'impression d'être toujours suivie.
   b) Elle était sous l'impression d'être toujours suivie.

3. a) Elle est sous les soins du médecin depuis trois ans.
   b) Elle se fait soigner par le médecin depuis trois ans.

4. a) Elle est en observation à l'hôpital.
   b) Elle est sous observation à l'hôpital.

5. a) Après examen, ils l'ont mis sous traitement.
   b) Après examen, ils l'ont mis en traitement.

6. a) L'émission ne passait pas directement sur l'air.
   b) L'émission ne passait pas directement à l'antenne.

7. a) Il est étudiant à l'Université Laval.
   b) Les étudiants de l'école primaire Mondoux sont en congé.

8. a) Il lui avait offert un éventail japonais, peint à la main et assorti à sa toilette.
   b) L'éventail du plafond n'arrivait pas à créer une bonne circulation d'air dans la pièce surchauffée.

9. a) Le pouvoir exécutif ne doit pas se laisser dominer par le pouvoir judiciaire.
   b) Le bureau exécutif de l'organisme a démissionné en bloc.

10. a) L'exécutif de la Saint-Jean-Baptiste a démissionné en bloc à l'exception du secrétaire.
    b) Le conseil d'administration a chargé son exécutif d'appliquer ses recommandations.

CALCUL DES POINTS

Comptez 10 points par bonne réponse et enlevez-en 10 par mauvaise. Ne comptez rien pour les non-réponses.

SOLUTIONS

1. a; 2. a; 3. b; 4. a; 5. b; 6. b; 7. a; 8. a; 9. a; 10. b.

Si vous n'avez pas obtenu au moins 70 points,
reprenez l'exercice.

VINGT ET UNIÈME EXERCICE
(de EXEMPLAIRE COMPLIMENTAIRE à FOCUSSER)

Encerclez la lettre qui précède la bonne réponse.

1. L'exemplaire d'un livre qu'un auteur offre gratuitement à quelqu'un pour lui en faire hommage s'appelle

    a) exemplaire complimentaire
    b) cadeau gratuit
    c) exemplaire en hommage

2. L'objet pouvant servir de preuve dans un procès est

    a) une pièce à conviction
    b) un exhibit
    c) une preuve exhibée

3. L'objet présenté dans une exposition est

    a) un exhibit
    b) une pièce d'exposition
    c) un morceau

4. Lorsque le juge déclare quelqu'un non coupable,

    a) il l'amnistie
    b) il l'exonère de tout blâme
    c) il l'innocente

5. Le fil électrique qu'on ajoute au fil de branchement d'un appareil se nomme

    a) une corde à extension
    b) un fil d'extension
    c) un fil de rallonge

6. Lorsqu'on fait tout ce qu'on peut pour atteindre un but,

    a) on fait tout en son possible
    b) on fait tout en son pouvoir
    c) on fait au possible

7. Faire des affirmations contraires à la vérité pour obtenir des avantages, c'est

    a) faire de fausses représentations
    b) faire de fausses allégations
    c) invoquer de faux prétextes

8. Le meuble à tiroirs dans lequel on classe des documents s'appelle

    a) une filière
    b) un secrétaire
    c) un classeur

9. Une décision sur laquelle on ne revient pas est

    a) irrévocable
    b) obstinée
    c) finale

10. Lorsqu'on concentre son attention sur quelque chose,

    a) on se centre sur cette chose
    b) on focusse sur cette chose
    c) on met le focus sur cette chose

CALCUL DES POINTS

Comptez 10 points par bonne réponse et enlevez-en 10 par mauvaise. Ne comptez rien pour les non-réponses.

SOLUTIONS

1. c; 2. a; 3. b; 4. c; 5. c; 6. b; 7. b; 8. c; 9. a; 10. a.

Si vous n'avez pas obtenu au moins 70 points,
reprenez l'exercice.

VINGT-DEUXIÈME EXERCICE
(de FORGER UNE SIGNATURE à HEURES D'AFFAIRES)

Encerclez la lettre qui précède la bonne réponse.

1. Imiter frauduleusement la signature de quelqu'un, c'est

    a) la forger
    b) la calquer
    c) la contrefaire

2. Lorsqu'on donne accidentellement contre un arbre,

    a) on le frappe
    b) on le heurte
    c) on le tamponne

3. Lorsqu'on donne volontairement un coup à quelqu'un,

    a) on le frappe
    b) on le heurte
    c) on l'étampe

4. Lorsque l'État veut rendre hommage à un citoyen défunt,

    a) il lui fait des funérailles civiques
    b) il lui fait des funérailles d'État
    c) il lui fait des funérailles nationales

5. Pour qualifier un phénomène qui se produit à l'échelle de la Terre, on dit

    a) qu'il est mondial
    b) qu'il est global
    c) qu'il est total

6. Pour qualifier un phénomène qui englobe plusieurs éléments sans les distinguer, on dit

    a) qu'il est mondial
    b) qu'il est global
    c) qu'il est total

7. La cérémonie de remise des diplômes universitaires s'appelle

    a) graduation
    b) gradation
    c) collation des grades

8. Le détenteur d'un diplôme d'une maison d'enseignement s'appelle

    a) gradué
    b) gradé
    c) diplômé

9. Le mélange de sable et de petits cailloux dont on recouvre les routes de campagne se nomme

    a) gravier
    b) gravelle
    c) gravois

10. Les heures pendant lesquelles les établissements commerciaux reçoivent leurs clients s'appellent

    a) heures d'affaires
    b) heures de travail
    c) heures d'ouverture

CALCUL DES POINTS

Comptez 10 points par bonne réponse et enlevez-en 10 par mauvaise. Ne comptez rien pour les non-réponses.

SOLUTIONS

1. c; 2. b; 3. a; 4. c; 5. a; 6. b; 7. c; 8. c; 9. a; 10. c.

Si vous n'avez pas obtenu au moins 70 points,
reprenez l'exercice.

VINGT-TROISIÈME EXERCICE
(de HORS COURS à INITIER)

Des énoncés appariés, encerclez la lettre qui précède celui qui est correct.

1. a) Au lieu de s'en remettre aux tribunaux, il règle ses conflits à l'amiable.
   b) Au lieu de s'en remettre aux tribunaux, il règle ses conflits hors cour.

2. a) Le président lui a rappelé que son intervention était hors d'ordre.
   b) Le président lui a rappelé que son intervention était contraire au règlement.

3. a) Comme l'ascenseur était en dérangement, il est monté par l'escalier.
   b) Comme l'ascenseur était hors d'ordre, il est monté par l'escalier.

4. a) Des bactéries travaillent au rajeunissement des puits d'huile.
   b) Des bactéries travaillent au rajeunissement des puits de pétrole.

5. a) Il faut mettre de l'huile sur la roue d'engrenage.
   b) Il faut mettre du pétrole sur la roue d'engrenage.

6. a) Il me fait plaisir d'accueillir madame Chaussé.
   b) J'ai le plaisir d'accueillir madame Chaussé.

7. a) L'incendie est sous contrôle.
   b) L'incendie est maîtrisé.

8. a) Soit dit en passant, vous me plaisez beaucoup.
   b) Incidemment, vous me plaisez beaucoup.

9. a) C'est un individu remarquable qui a rendu de grands services.
   b) C'est un homme remarquable qui a rendu de grands services.

10. a) Il aime initier des projets.
    b) Il aime initier les toutes jeunes filles.

CALCUL DES POINTS
Comptez 10 points par bonne réponse et enlevez-en 10 par mauvaise. Ne comptez rien pour les non-réponses.

SOLUTIONS
1. a; 2. b; 3. a; 4. b; 5. a; 6. b; 7. b; 8. a; 9. b; 10. b.

Si vous n'avez pas obtenu au moins 70 points,
reprenez l'exercice.

VINGT-QUATRIÈME EXERCICE
(de INSISTER QUE à LOCATION)

Remplacez le mot ou l'expression en italique par un mot ou une expression plus appropriés.

1. Il *a insisté que* Fernande lui remette la somme demandée avant 9 h.

2. La commande comportait vingt *items*.

3. Après quinze ans de vie publique difficile, le député *jette la serviette*.

4. Il se sert d'une *lampe à extension* pour travailler dans les recoins du sous-sol.

5. Pauline est une excellente secrétaire *légale*.

6. Les professeurs défendent la liberté *académique*.

7. Les animateurs de *lignes ouvertes* exercent une influence considérable.

8. Le soda mousse est une *liqueur* rafraîchissante.

9. Vous pouvez le joindre au téléphone au *local* 3464.

10. Ce commerce doit son achalandage à son *excellente location*.

CALCUL DES POINTS

Comptez 10 points par bonne réponse.

SOLUTIONS

1. a insisté pour que	2. articles
3. jette l'éponge	4. baladeuse
5. juridique	6. d'enseignement
7. tribunes téléphoniques	8. boisson
9. poste	10. excellent emplacement

Si vous n'avez pas obtenu au moins 70 points,
reprenez l'exercice.

VINGT-CINQUIÈME EXERCICE
(de LOGER UN APPEL à MATÉRIEL)

Remplacez le mot ou l'expression en italique par un mot ou une expression plus appropriés.

1. Insatisfaite de la sentence, la poursuite *a logé un appel*.

2. Même si *j'avais logé l'appel* à 18 h, je n'ai pu lui parler qu'à la fin de la soirée.

3. Elle *a logé une plainte* contre ses voisins trop bruyants.

4. Il se lamente *à l'année longue*.

5. Les deux adversaires se livrent une *lutte à finir*.

6. Le public salue l'artiste *d'une main d'applaudissements*.

7. Depuis votre départ, *je vous manque* beaucoup et je m'ennuie.

8. Il faut transformer *la manufacture* pour qu'elle produise une nouvelle série de voitures.

9. Quand *j'ai marié* Albert, je n'avais que dix-huit ans.

10. Elle voulait un *matériel* de qualité exceptionnelle pour la confection de sa robe de mariée.

CALCUL DES POINTS

Comptez 10 points par bonne réponse.

SOLUTIONS

1. a interjeté appel

2. j'avais demandé la communication

3. a porté plainte

4. à longueur d'année

5. lutte implacable

6. d'une salve d'applaudissements

7. vous me manquez

8. l'usine

9. je me suis mariée avec

10. tissu

Si vous n'avez pas obtenu au moins 70 points, reprenez l'exercice.

VINGT-SIXIÈME EXERCICE
(de MEMBERSHIP à MOINS PIRE)

Inscrivez, dans le blanc réservé à cette fin, l'expression la plus juste parmi celles qu'on vous propose.

1. Le club Vélosport a accru _____ de 150 adhérents.
   - a) le nombre de ses membres
   - b) son membership
   - c) son effectif

2. Je n'ai pas eu de mauvaises notes, mais _____ ma candidature n'a pas été retenue.
   - a) même alors
   - b) même à cela
   - c) même à ça

3. Son tempérament impulsif lui a valu plusieurs condamnations pour _____ au cours de son procès.
   - a) outrage au tribunal
   - b) mépris de cour
   - c) outrage à magistrat

4. Après deux semaines de vacances, il lui fallait mettre ses dossiers _____ pour tenir compte des commandes remplies en son absence.
   - a) à date
   - b) en ordre
   - c) à jour

5. Après chaque réunion, la secrétaire établit _____.
   - a) un procès-verbal
   - b) les minutes
   - c) un compte rendu

6. Le parti a décidé de _____ sur le chômage dans son programme.
   - a) mettre l'emphase
   - b) focusser
   - c) mettre l'accent

7. Trois militants se présentent à _____ dans la circonscription de Taillon.
   - a) la mise en nomination
   - b) l'investiture
   - c) la mise en candidature

8. Claire Lamarche est une _____ habile.
   a) modératrice
   b) animatrice
   c) animateure

9. _____, je ne peux donner mon appui à quelqu'un qui prône de telles manœuvres.
   a) Pour ma part
   b) En ce qui me concerne
   c) Moi pour un

10. Sa situation est _____ que l'an dernier.
   a) moins pire
   b) moins mauvaise
   c) moins pis

CALCUL DES POINTS

Comptez 10 points par bonne réponse et enlevez-en 10 par mauvaise. Ne comptez rien pour les non-réponses.

SOLUTIONS

1. c. est la meilleure réponse. La formule a. pourrait être acceptable mais est inutilement longue. Ne comptez que 5 points pour a.
2. a.
3. a. est la solution généralement acceptée au Canada. On ne semble pas tenir compte au Canada de la différence qu'on fait en France entre OUTRAGE AU TRIBUNAL et OUTRAGE À MAGISTRAT. Comptez 5 points si la réponse est c.
4. c. Il ne faut pas confondre METTRE À JOUR (en tenant compte des derniers renseignements disponibles) et METTRE EN ORDRE (ranger, classer).
5. a. ou c. Les deux expressions sont correctes, la première comporte une nuance plus officielle.
6. c.
7. b. et c. sont des formules correctes.
8. b.
9. a. est la meilleure formule; b. est une formule correcte mais un peu longue. Ne comptez que 5 points pour cette dernière réponse.
10. b.

Si vous n'avez pas obtenu au moins 70 points,
reprenez l'exercice.

VINGT-SEPTIÈME EXERCICE
(de MOIS DE CALENDRIER à OCTROI)

Encerclez la lettre qui précède la bonne réponse.

1. Pour désigner la période correspondant aux douze divisions de l'année, on emploie

    a) mois légal
    b) mois de calendrier
    c) mois civil

2. Pour désigner le fait d'accéder à la magistrature, on emploie correctement

    a) monter sur le banc
    b) siéger
    c) être nommé juge

3. MOUSSER signifie proprement

    a) faire des bulles, de la mousse
    b) vanter quelqu'un
    c) se couvrir de mousse en parlant d'une pierre

4. NEZ À NEZ signifie proprement

    a) à égalité
    b) face à face
    c) en situation d'hostilité

5. Pour indiquer la date avec le jour de la semaine, laquelle des formules suivantes est correcte?

    a) lundi, le 10 octobre
    b) le lundi 10 octobre
    c) lundi 10 octobre

6. Dans le jargon des journalistes de spectacle, on appelle improprement « nomination pour un prix »

    a) le fait de décerner un prix
    b) une sélection préliminaire en vue de l'octroi d'un prix
    c) le fait de donner un nom à un prix

7. Pour indiquer un ordre de classement par rapport à une valeur de référence, laquelle des formules suivantes est correcte?

    a) New York est la troisième plus grande ville du monde
    b) New York est la troisième ville du monde (pour la population)
    c) Le troisième plus gros accident de l'histoire de l'aviation

8. Pour désigner l'élément de l'adresse qui situe un bâtiment ou un logement dans une rue, que doit-on dire?

    a) numéro civique
    b) numéro (de rue)
    c) numéro de la rue

9. Si je veux nommer ce à quoi je consacre mon temps pour gagner ma vie, je dois parler de

    a) ma profession
    b) mon occupation
    c) mon passe-temps

10. Comment appelle-t-on l'aide financière accordée à un tiers pour qu'il réalise un projet ou accomplisse une œuvre importante?

    a) des crédits
    b) une subvention
    c) un octroi

CALCUL DES POINTS

Comptez 10 points par bonne réponse et enlevez-en 10 par mauvaise. Ne comptez rien pour les non-réponses.

SOLUTIONS

1. c; 2. c; 3. a; 4. b; 5. b ou c; 6. b; 7. b; 8. b; 9. a; 10. b.

Si vous n'avez pas obtenu au moins 70 points,
reprenez l'exercice.

VINGT-HUITIÈME EXERCICE
(de OFFENSE à ORDRE)

Indiquez par un X à l'endroit voulu si l'énoncé est vrai ou faux.

	Vrai	Faux
1. L'offense est une injure que quelqu'un fait à un autre.	( )	( )
2. On appelle opérateur celui qui conduit un camion.	( )	( )
3. L'offense est une infraction à la loi.	( )	( )
4. On appelle opérations l'addition, la soustraction, la multiplication et la division.	( )	( )
5. Le fonctionnement d'une usine s'appelle opération.	( )	( )
6. Des opinions peuvent être inconciliables, non irréconciliables.	( )	( )
7. Des personnes peuvent être irréconciliables.	( )	( )
8. Il faut distinguer deux sortes d'orages : l'orage électrique et l'orage mécanique.	( )	( )
9. Si je donne un ordre, j'attends l'exécution d'une action.	( )	( )
10. Si je donne une commande, j'attends la réception d'objets achetés.	( )	( )

CALCUL DES POINTS

Comptez 10 points par bonne réponse et enlevez-en 10 par mauvaise. Ne comptez rien pour les non-réponses.

SOLUTIONS

1. V; 2. F; 3. F; 4. V; 5. F; 6. V; 7. V; 8. F; 9. V; 10. V.

Si vous n'avez pas obtenu au moins 70 points,
reprenez l'exercice.

VINGT-NEUVIÈME EXERCICE
(de ORIGINER à PASSÉ DÛ)

Indiquez par un X à l'endroit voulu si l'énoncé est vrai ou faux.

	Vrai	**Faux**
1. Le verbe ORIGINER au sens de provenir de est consigné au dictionnaire *Robert*.	( )	( )
2. Dire d'un marché qu'il offre beaucoup d'OUVERTURES, c'est commettre un anglicisme.	( )	( )
3. Le PAMPHLET est un écrit satirique contre quelqu'un.	( )	( )
4. Il est impossible de traduire le mot PANEL.	( )	( )
5. Le mot PARADE a le plus souvent un sens militaire.	( )	( )
6. Si l'on ne peut dire : « partir un commerce », c'est que PARTIR est un verbe intransitif.	( )	( )
7. C'EST PAS PIRE est une expression grammaticalement correcte.	( )	( )
8. Le mot PASSE désigne correctement un document qui permet de passer quelque part.	( )	( )
9. Le mot LAISSEZ-PASSER désigne un document qui permet d'entrer librement dans un endroit.	( )	( )
10. L'expression PASSÉ DÛ est un tour dialectal du Poitou.	( )	( )

CALCUL DES POINTS
Comptez 10 points par bonne réponse et enlevez-en 10 par mauvaise. Ne comptez rien pour les non-réponses.

SOLUTIONS
1. F; 2. V; 3. V; 4. F; 5. V; 6. V; 7. F; 8. F; 9. V; 10. F.

Si vous n'avez pas obtenu au moins 70 points,
reprenez l'exercice.

TRENTIÈME EXERCICE
(de PASSER DES REMARQUES à POINT D'ORDRE)

Dites si OUI (O) ou NON (N) les définitions suivantes sont exactes.

1. FAIRE DES OBSERVATIONS : Formuler une réprimande. ( )

2. PATRONAGE : Faveurs accordées à des partisans ou amis par un politicien ou une politicienne. ( )

3. PAVER UNE ROUTE : Revêtir une chaussée de pierres plates ou de dalles. ( )

4. CONTRIBUABLE : Personne assujettie aux impôts directs ou indirects. ( )

5. ACADÉMIQUE : Qui concerne le personnel enseignant. ( )

6. CLÉRICAL : Qui concerne le travail d'écriture. ( )

7. PHYSIQUE : Vigoureux, énergique. ( )

8. PIGER : Comprendre. ( )

9. ATHLÉTISME : Famille de sports comprenant notamment les courses, les sauts et les lancers. ( )

10. FAIRE APPEL AU RÈGLEMENT : Invoquer le règlement pour interdire une intervention dans une assemblée délibérante. ( )

CALCUL DES POINTS

Comptez 10 points par bonne réponse et enlevez-en 10 par mauvaise. Ne comptez rien pour les non-réponses.

SOLUTIONS

l. Oui; 2. Non; 3. Oui; 4. Oui; 5. Non; 6. Non; 7. Non; 8. Oui; 9. Oui; 10. Oui.

Si vous n'avez pas obtenu au moins 70 points,
reprenez l'exercice.

TRENTE ET UNIÈME EXERCICE
(de PLUS PIRE à PRENDRE DES CHANCES)

Choisissez, parmi les termes et expressions proposés, celui ou celle qui convient exactement à la notion exprimée.

1. Ce qui est d'une qualité diminuée par rapport à un état antérieur déjà mauvais.

> a) pire
> b) plus pire
> c) pas pire

2. Qui a la conviction d'être dans la vérité.

> a) certain
> b) positif
> c) entêté

3. Idées qu'on ne peut rapprocher, accorder.

> a) idées saugrenues
> b) idées inconciliables
> c) idées éloignées

4. Pour un prix très bas spécifié.

> a) pour aussi peu que
> b) pour seulement
> c) pour presque rien

5. Capacité de produire du travail à des fins mécaniques, d'éclairage ou de chauffage.

> a) énergie électrique
> b) électricité
> c) pouvoir électrique

6. Exercice préparatoire à un match ou à une compétition sportive.

> a) pratique
> b) répétition
> c) séance d'entraînement

7. Séance d'exercice en vue d'un spectacle.

    a) pratique
    b) répétition
    c) séance d'entraînement

8. Faire des exercices au piano.

    a) pratiquer son piano
    b) répéter son piano
    c) étudier son piano

9. S'adonner régulièrement à une activité.

    a) pratiquer
    b) répéter
    c) s'entraîner

10. S'exposer à des dangers.

    a) courir des risques
    b) prendre des chances
    c) courir des chances

CALCUL DES POINTS

Comptez 10 points par bonne réponse et enlevez-en 10 par mauvaise. Ne comptez rien pour les non-réponses.

SOLUTIONS

1. a; 2. a; 3. b; 4. b; 5. a; 6. c; 7. b; 8. c; 9. a; 10. a.

Si vous n'avez pas obtenu au moins 70 points,
reprenez l'exercice.

TRENTE-DEUXIÈME EXERCICE
(de PREMIER à PROJET D'HABITATIONS)

Encerclez la lettre qui précède la bonne formulation.

1. a) les premiers six mois
   b) les six premiers mois

2. a) mettre aux voix
   b) prendre le vote
   c) procéder au vote

3. a) prendre Mathilde pour acquise
   b) traiter Mathilde sans égards

4. a) tenir pour acquise son adhésion au parti
   b) prendre pour acquise son adhésion au parti

5. a) un cours prérequis à l'inscription à la maîtrise
   b) un cours préalable à l'inscription à la maîtrise

6. a) une confiture sans agents de conservation
   b) une confiture sans préservatifs

7. a) prendre une marche de trois heures
   b) faire une promenade de trois heures à pied

8. a) les six prochains mois
   b) les prochains six mois

9. a) les professionnels au service de l'entreprise
   b) les spécialistes au service de l'entreprise

10. a) habiter dans un luxueux lotissement domiciliaire
    b) habiter dans un luxueux projet domiciliaire

CALCUL DES POINTS

Comptez 10 points par bonne réponse et enlevez-en 10 par mauvaise.
Ne comptez rien pour les non-réponses.

SOLUTIONS

1. b; 2. a ou c; 3. b; 4. a; 5. b; 6. a; 7. b; 8. a; 9. b; 10. a.

Si vous n'avez pas obtenu au moins 70 points,
reprenez l'exercice.

TRENTE-TROISIÈME EXERCICE
(de QUARTIERS GÉNÉRAUX à RELOCALISER)

Marquez d'un X les énoncés où figure une expression fautive.

1. ( )   Il faut se rendre au quartier général de la police dès lundi.

2. ( )   Il questionne chaque personne qu'il rencontre pour s'assurer qu'il est bien dans la bonne direction.

3. ( )   Il rapporte à son supérieur les incidents de la journée.

4. ( )   Avant la réunion, la présidente demande au secrétaire de rapporter progrès.

5. ( )   Elle a été rapportée disparue il y a deux semaines.

6. ( )   Il est le récipiendaire d'une généreuse pension.

7. ( )   Je me réfère à ce que vous venez d'énoncer.

8. ( )   Il a référé sa patiente à un spécialiste.

9. ( )   Il préfère l'essence régulière à la super.

10. ( )   Il a fallu reloger trente familles après l'incendie.

11. ( )   Elle se plaint d'avoir été relocalisée sans son consentement.

12. ( )   La majorité des clients prend un café régulier.

13. ( )   Il faut que je vous adresse à un spécialiste car votre maladie dépasse ma compétence.

14. ( )   La récipiendaire du prix Nobel adressera la parole à l'auditoire ce soir.

15. ( )   Le receveur d'un rein par greffe doit toujours éviter les causes d'infection.

16. ( )   Trente Casques bleus ont été portés disparus.

17. ( )   Je ne questionne pas la bonne foi du ministre.

18. ( )   Le général et son état-major ont établi leurs quartiers généraux à quelques kilomètres de la ligne de feu.

19. ( )   Avant d'aller de l'avant avec cette campagne publicitaire, il faut faire le point.

20. ( )   J'en réfère au président de l'assemblée à propos de la légitimité de mon intervention.

CALCUL DES POINTS

Comptez 5 points par bonne réponse et enlevez-en 5 par mauvaise.
Ne comptez rien pour les non-réponses.

SOLUTIONS

3. RAPPORTER est impropre ici. Il faut le remplacer par SIGNALER.

4. « Rapporter progrès » est un anglicisme. On dit en français FAIRE LE POINT.

5. L'expression correcte est PORTER DISPARU.

6. Emploi impropre de RÉCIPIENDAIRE. On est BÉNÉFICIAIRE d'une pension.

8. Emploi impropre de RÉFÉRER au sens d'adresser.

9. Emploi impropre de RÉGULIER au sens d'ordinaire.

11. Emploi impropre de RELOCALISER au sens de déplacer/ reloger.

12. Emploi impropre de RÉGULIER au sens d'ordinaire.

14. Abus du terme RÉCIPIENDAIRE. On peut le remplacer par LAURÉATE.

17. Emploi impropre de QUESTIONNER au sens de mettre en doute.

18. Pour désigner un seul lieu, on emploie le singulier QUARTIER GÉNÉRAL.

Si vous n'avez pas obtenu au moins 70 points,
reprenez l'exercice.

TRENTE-QUATRIÈME EXERCICE
(de REMPLIR À CAPACITÉ à SAUVER)

Encerclez la lettre qui précède *l'énoncé fautif.*

1. a) salle remplie à craquer
    b) salle comble
    c) salle remplie à capacité

2. a) Sa décision a reçu l'approbation du chef de service.
    b) Sa décision a rencontré l'approbation du chef de service.
    c) Sa décision a été approuvée par le chef du service.

3. a) Elle fait scrupuleusement face à ses obligations.
    b) Elle respecte scrupuleusement ses obligations.
    c) Elle rencontre scrupuleusement ses obligations.

4. a) La cour d'appel a renversé le jugement du tribunal.
    b) La cour d'appel a annulé le jugement du tribunal.
    c) La cour d'appel a invalidé le jugement du tribunal.

5. a) Ses efforts ont abouti à une éclatante victoire.
    b) Son éclatante victoire résulte de ses efforts.
    c) Ses efforts ont résulté en une éclatante victoire.

6. a) Elle vit des royautés que ses livres lui procurent.
    b) Elle vit de ses droits d'auteur.
    c) Il touche des redevances des pétrolières.

7. a) Leroux s'est blessé en trébuchant.
    b) Leroux s'est estropié en trébuchant.
    c) Leroux s'est infligé une blessure en trébuchant.

8. a) Les autochtones s'opposent à la dilapidation de leurs territoires.
    b) Les autochtones s'objectent à la dilapidation de leurs territoires.
    c) Les autochtones objectent leur survie à la dilapidation de leurs
       territoires.

9. a) Je vous adresse cette lettre sous toutes réserves.
    b) Je vous adresse cette lettre sans préjudice.
    c) Je vous adresse cette lettre sous réserve de mes droits.

10. a) Je sauve 1 $ par boîte en achetant à la caisse.
    b) J'économise 1 $ par boîte en achetant à la caisse.
    c) Je gagne 1 $ par boîte en achetant à la caisse.

CALCUL DES POINTS

Comptez 10 points par bonne réponse et enlevez-en 10 par mauvaise.
Ne comptez rien pour les non-réponses.

SOLUTIONS

1. c; 2. b; 3. c; 4. a; 5. c; 6. a; 7. c; 8. b; 9. b; 10. a.

Si vous n'avez pas obtenu au moins 70 points,
reprenez l'exercice.

TRENTE-CINQUIÈME EXERCICE
(de SE MÉRITER à SHIFT)

Remplacez l'expression en italique par le terme ou l'expression appropriés.

1. Elle *se mérite* l'estime de ses concitoyens par son dévouement.

2. Il *se pratique* chaque semaine pendant deux heures au hockey.

3. La religieuse *s'est rapportée* à sa supérieure en arrivant au couvent.

4. J'ai droit à deux jours de congé par *semaine de calendrier*.

5. Les *semi-finales* de la LNH accaparent le petit écran.

6. Elle purge une *sentence* de trois ans de prison.

7. Il bénéficie d'une *sentence suspendue*.

8. Le chef de service lui *a servi* un sévère avertissement.

9. Vous devrez *servir une sentence* de dix ans d'emprisonnement.

10. Quel beau *set* de vaisselle elle a reçu!

CALCUL DES POINTS

Comptez 10 points par bonne réponse.

SOLUTIONS

1. mérite, se gagne
2. s'entraîne
3. s'est présentée
4. semaine civile
5. demi-finales
6. peine
7. condamnation avec sursis
8. a donné
9. purger une peine
10. service

Si vous n'avez pas obtenu au moins 70 points,
reprenez l'exercice.

TRENTE-SIXIÈME EXERCICE
(EXERCICE DE COOCCURRENCE)

Faites l'association de mots qui est usuelle en français correct.

1. Il travaille _____ et se repose le dimanche.

    a) de semaine
    b) en semaine
    c) sur semaine

2. Chaque semaine il fait _____.

    a) des heures supplémentaires
    b) du temps supplémentaire
    c) de l'overtime

3. Si l'on s'estime lésé par une décision du tribunal, il faut
_____.

    a) aller en appel
    b) interjeter appel
    c) se pourvoir en appel

4. L'_____ compte en général trois cent
soixante-cinq jours.

    a) année civile
    b) année de calendrier
    c) année bissextile

5. Le président du Conseil convoque une
_____.

    a) assemblée générale extraordinaire
    b) assemblée générale spéciale
    c) assemblée spéciale

6. Je lui donne raison _____ des principes.

    a) sur le plan
    b) au plan
    c) au niveau

7. Il n'a pu répondre à cause d'un _____.

    a) trou de mémoire
    b) blanc de mémoire
    c) truc mnémotechnique

8. Voyez _____ les règles à suivre.

    a) ci-dessous
    b) ci-après
    c) ci-bas
    d) plus bas

9. Le skieur de fond qui veut réaliser une bonne performance doit _____ ses skis.

    a) cirer
    b) polir
    c) farter

10. La municipalité a décrété que _____ des ordures se ferait les lundis et jeudis.

    a) l'enlèvement
    b) la cueillette
    c) la collecte

CALCUL DES POINTS

Comptez 10 points par bonne réponse et enlevez-en 10 par mauvaise. Ne comptez rien pour les non-réponses.

SOLUTIONS

1. b; 2. a; 3. b ou c; 4. a; 5. a; 6. a; 7. a; 8. a, b ou d; 9. c; 10. a ou c.

Si vous n'avez pas obtenu au moins 70 points, reprenez l'exercice.

TRENTE-SEPTIÈME EXERCICE
(de SHIFT à STAGE)

Corrigez, s'il y a lieu, les énoncés suivants.

1. Depuis qu'il travaille sur les shifts, sa digestion se fait mal.

2. Elle siège à tous les comités qui lui ouvrent leurs portes.

3. Le choix du site est important dans l'établissement d'un commerce.

4. Les congés sans solde ne sont pas prévus par la convention collective.

5. Je soumets que le ministre a un parti pris sur cette question.

6. Les sous-traitants s'en prennent à l'entrepreneur.

7. Le Conseil des normes a défini les spécifications de la tronçonneuse.

8. Le député n'a pas voulu être spécifique dans l'énoncé de son plan.

9. Toutes ces rumeurs ne sont que spéculations.

10. Au stage de la coagulation, il faut traiter de nouveau le coagulum.

CALCUL DES POINTS

Comptez 10 points par bonne réponse.

SOLUTIONS

1. Depuis qu'il travaille par poste/ Depuis qu'il fait du travail posté…

2. (correct)

3. Le choix de l'emplacement…

4. Les congés non payés ou sans salaire…

5. J'affirme/J'estime/Je crois fermement…

6. (correct)

7. (correct)

8. … être plus précis/donner plus de détails…

9. … suppositions.

10. Au stade…

Si vous n'avez pas obtenu au moins 70 points, reprenez l'exercice.

TRENTE-HUITIÈME EXERCICE
(de SUJET À CHANGEMENT à TEMPÉRATURE)

Encerclez la lettre qui précède la bonne réponse.

1. SUJET À se dit correctement

    a) des personnes
    b) des personnes et des choses
    c) des choses

2. Le mot SUPPORT se dit correctement de

    a) l'aide apportée
    b) ce qui supporte une chose pesante
    c) l'objet cintré auquel on pend un vêtement

3. Le verbe SUPPORTER signifie

    a) endurer
    b) porter le poids de
    c) aider, appuyer

4. La préposition SUR est bien employée dans les expressions suivantes :

    a) travailler sur la ferme
    b) acheter son billet avant de monter sur l'autobus
    c) accrocher un tableau sur le mur
    d) monter sur le toit de la maison

5. Au lieu de parler d'un jugement « rendu sur le banc », on devrait plutôt dire

    a) assis au tribunal
    b) séance tenante
    c) au jugé

6. Pour dire qu'une chose se fait pendant les jours de la semaine à l'exclusion du samedi et du dimanche, on emploie correctement

    a) en semaine
    b) sur semaine
    c) de semaine

7. Un ensemble de reproduction du son comprenant un lecteur de disques, un amplificateur et des haut-parleurs, logés dans des enceintes distinctes, se nomme

   a) électrophone
   b) système de son
   c) chaîne stéréo

8. L'installation qui permet de diffuser du son dans un endroit public se nomme

   a) système de son
   b) sonorisation
   c) système de haut-parleurs

9. Lorsqu'une question de droit tient plutôt à la façon de procéder qu'au fond, on dit qu'elle dépend

   a) de technicalités
   b) d'artifices de procédure
   c) de considérations technocratiques

10. Il faut remplacer le mot TEMPÉRATURE dans la phrase : « Profiter d'une belle température pour faire du vélo »

   a) parce qu'il fait mauvais trop souvent
   b) parce que, la température étant une intensité de chaud ou de froid, elle ne saurait être ni belle ni laide
   c) parce que ce mot désigne la fièvre du malade

CALCUL DES POINTS

Comptez 10 points par bonne réponse et enlevez-en 10 par mauvaise. Ne comptez rien pour les non-réponses.

SOLUTIONS

1. a; 2. b (pour c, vérifiez le sens du mot CINTRE au dictionnaire); 3. a ou b; 4. d; 5. b; 6. a (contrôlez dans le dictionnaire le sens de l'expression DE SEMAINE); 7. c; 8. b; 9. b; 10. b.

Si vous n'avez pas obtenu au moins 70 points,
reprenez l'exercice.

TRENTE-NEUVIÈME EXERCICE
(de TEMPS SUPPLÉMENTAIRE à TROUBLE)

Encerclez la lettre qui précède la bonne réponse.

1. Pour désigner les heures de travail fournies en plus des heures normales, quelle expression faut-il employer?

   a) surtemps
   b) temps supplémentaire
   c) overtime
   d) heures supplémentaires

2. Pour désigner la période pour laquelle un député est élu, quel est le terme propre?

   a) mandat
   b) terme
   c) terme d'office

3. Comment désigne-t-on les objectifs que l'autorité compétente fixe à une commission d'enquête?

   a) mandat
   b) termes de référence
   c) termes d'office

4. Comment s'appelle la pièce de musique qui introduit et conclut une émission de radio ou de télévision?

   a) thème musical
   b) indicatif (musical)
   c) leitmotiv

5. Quelle locution verbale exprime la situation de quelqu'un qui éprouve subitement un vif sentiment amoureux pour une personne?

   a) tomber en amour
   b) tomber amoureux
   c) s'amouracher

6. Quelle est la définition exacte du mot TOURBE?

   a) matière végétale en décomposition dont on se sert pour alléger le sol
   b) gazon en plaques dont on se sert pour aménager les pelouses
   c) manigances frauduleuses

7. Quelle est la définition exacte du verbe TRANSIGER?

    a) être en transit
    b) conclure des affaires
    c) faire des compromis

8. Comment désigne-t-on le travail qui consiste à faire des opérations comptables simples?

    a) travail clérical
    b) travail d'écriture
    c) travail de compteur

9. Comment désigne-t-on l'ensemble des ouvriers qui travaillent en même temps dans une usine où il y a relais des équipes au cours de la journée de travail?

    a) shift
    b) chiffre
    c) poste

10. Comment désigne-t-on l'action de faire des efforts pour arriver à un but ou pour aider quelqu'un?

    a) se donner de la peine
    b) se donner du trouble
    c) se troubler

CALCUL DES POINTS

Comptez 10 points par bonne réponse et enlevez-en 10 par mauvaise. Ne comptez rien pour les non-réponses.

SOLUTIONS

1. d; 2. a; 3. a; 4. b; 5. b (c se dit en mauvaise part); 6. a; 7. c; 8. b; 9. c; 10. a.

Si vous n'avez pas obtenu au moins 70 points,
reprenez l'exercice.

QUARANTIÈME EXERCICE
(de TUILE à VIDANGES)

Encerclez la lettre qui précède l'énoncé pertinent.

1. On pose de la tuile

    a) sur le sol d'un appartement
    b) sur le toit d'un bâtiment
    c) à la place d'un linoléum

2. On ne doit pas dire « un demi de un pour cent »

    a) parce que cela occasionne des erreurs de calcul
    b) parce qu'en français le pourcentage fractionnaire ne fait pas référence à l'unité
    c) parce que c'est une traduction littérale de l'anglais *one half of one percent*

3. La vente privée d'objets divers dont on veut se débarrasser se nomme correctement

    a) vente de garage
    b) vente de cour
    c) vente-débarras

4. La mise en vente à rabais d'articles à l'extérieur d'un établissement commercial se nomme correctement

    a) vente à l'éventaire
    b) vente de trottoir
    c) braderie

5. La vente d'un objet qui ne permet ni remboursement ni échange est une

    a) vente ferme
    b) vente finale
    c) vente close

6. Le mot VERRERIE désigne proprement

    a) un service de verres
    b) une fabrique de verre
    c) un élevage de vers à soie

7. Si je dis de quelqu'un qu'il est VERSATILE en français correct, je veux signifier

    a) qu'il a des talents variés
    b) qu'il est instable
    c) qu'il est infesté de vers intestinaux

8. En français correct, le mot VESTE désigne un vêtement qui

    a) se porte sous le veston et n'a pas de manches
    b) s'appelle aussi gilet
    c) est coupé aux hanches et ouvert à l'avant et qui comporte des manches

9. VÉTÉRAN en français moderne désigne

    a) quelqu'un qui a fait la guerre
    b) quelqu'un qui a une longue pratique d'un domaine
    c) quelqu'un qui redit toujours les mêmes choses

10. Le mot VIDANGES en français correct désigne

    a) les détritus retirés des fosses d'aisances
    b) les ordures ménagères
    c) les déchets industriels

CALCUL DES POINTS

Comptez 10 points par bonne réponse et enlevez-en 10 par mauvaise. Ne comptez rien pour les non-réponses.

SOLUTIONS

1. b; 2. b et c; 3. c; 4. c; 5. a; 6. b; 7. b; 8. c; 9. b (a est vieilli); 10. a.

Si vous n'avez pas obtenu au moins 70 points,
reprenez l'exercice.

QUARANTE ET UNIÈME EXERCICE
(de VIDANGEUR à WALKMAN)

Encerclez les lettres V ou F selon que l'énoncé vous apparaît vrai ou faux.

1. Un ÉBOUEUR est quelqu'un qui ramasse les boues et les ordures ménagères. V F

2. Le mot BOUEUR est synonyme d'ÉBOUEUR. V F

3. Un VIDANGEUR ramasse les ordures ménagères. V F

4. Un VIDANGEUR vide les fosses d'aisances. V F

5. La VOÛTE est un toit cintré. V F

6. La VOÛTE est une pièce blindée où une banque conserve ses valeurs. V F

7. La VOÛTE est un entrepôt souterrain. V F

8. Le mot WALKMAN est la marque déposée de Sony pour désigner un poste radio ou un cassettophone munis d'un casque d'écoute léger. V F

9. Le mot WALKMAN est intraduisible. V F

10. Un BALADEUR est un poste de radio portatif avec casque d'écoute léger. V F

CALCUL DES POINTS

Comptez 10 points par bonne réponse et enlevez-en 10 par mauvaise. Ne comptez rien pour les non-réponses.

SOLUTIONS

1. V; 2. V; 3. F; 4. V; 5. V; 6. F; 7. F; 8. V; 9. F; 10. V.

Si vous n'avez pas obtenu au moins 70 points, reprenez l'exercice.

EXERCICE RÉCAPITULATIF Nº 1
LES IMPROPRIÉTÉS

Parmi les fautes les plus courantes de nos façons de dire ou d'écrire se trouvent un grand nombre d'impropriétés, c'est-à-dire des notions que les autres francophones n'étiquettent pas de cette façon. L'exercice suivant vise à vérifier si vous avez bien assimilé les articles traitant de ces impropriétés. Nous donnons d'abord l'expression fautive et le sens où elle est employée. Il s'agit pour vous de retrouver l'expression correcte qui désigne cette notion.

Ex. *tuile* : Plaque de linoléum ou de céramique dont on couvre les sols ou les murs.
CARREAU

1. *abus sexuel* : Acte sexuel imposé à quelqu'un.
   _____

2. *personnel académique* : Ensemble des personnes qui, au sein d'un établissement scolaire, font de l'enseignement.
   _____

3. *accommodations touristiques* : Ensemble d'installations servant à l'accueil des touristes dans une région donnée.
   _____

4. *prix d'admission* : Somme exigée pour assister à un spectacle.
   _____

5. *agenda* : Liste des questions à étudier au cours d'une réunion.
   _____

6. *altérations* : Transformations pour améliorer l'état des lieux.
   _____

7. *altérations* : Modifications apportées à un vêtement pour le rendre plus seyant.
   _____

8. *faire application* : Solliciter un emploi.
   _____

9. *ski aquatique* : Ski pratiqué sur l'eau.
   _____

10. *au mérite* (étudier une question) : Sans parti pris ni préjugé.

11. *infirmière graduée* : Personne qui est titulaire d'un diplôme attestant sa capacité professionnelle de soigner les malades.

12. *bénéfices marginaux* : Avantages qui s'ajoutent à la rémunération pour assurer la sécurité ou le bien-être du salarié.

13. *biaisé* : Qui fait voir les faits à son avantage.

14. *bien faire* : Jouer avec efficacité dans un match.

15. *boni* : Cadeau offert à l'achat d'un bien.

16. *brassière* : Sous-vêtement féminin qui soutient la poitrine.

17. *brocheuse* : Petite machine de bureau servant à attacher des feuilles au moyen d'agrafes métalliques.

18. *cadran* : Pendulette avec sonnerie.

19. *caméra* : Appareil de prise de vues fixes.

20. *casier postal* : Compartiment d'un ensemble où l'on dépose le courrier du destinataire.

21. *carte de temps* : Document sur lequel le salarié atteste sa présence au travail.

22. *céduler* : Assigner un travail à quelqu'un à un moment déterminé.

23. *chambre* : Lieu cloisonné dans un immeuble.

---

24. *chambre des joueurs* : Lieu réservé à l'habillement des joueurs.

---

25. *petit change* : Menues pièces de monnaie.

---

26. *rendre le change* : Remettre à l'acheteur la différence entre la somme remise et le coût de l'achat.

---

27. *charger* : Acheter à crédit.

---

28. *circulation* : Nombre d'exemplaires auquel tire un journal.

---

29. *funérailles civiques* : Cérémonie funèbre organisée par une municipalité.

---

30. *clinique* : Enseignement d'une discipline sportive contrôlé par des moniteurs.

---

31. *clinique de sang* : Séance de prélèvement de dons de sang.

---

32. *commémorer un anniversaire* : Rappeler un événement à la date de son anniversaire.

---

33. *conservateur* : Calculé avec précaution pour rester dans la vérité.

---

34. *copie d'un journal* : Unité d'une publication quotidienne.

---

35. *voûte* : Local d'entreposage sis au sous-sol d'un immeuble.

---

36. *voûte* : Pièce blindée où une banque conserve ses valeurs.

---

37. *vidangeur* : Préposé à l'enlèvement des ordures ménagères.

_____

38. *vidanges* : Déchets domestiques.

_____

39. *tuile de linoléum* : Plaque carrée ou rectangulaire servant au revêtement du sol d'une pièce.

_____

40. *transiger* : Conclure un marché.

_____

41. *terme* : Durée pour laquelle un député est élu.

_____

42. *supporter* : Faire vivre quelqu'un.

_____

43. *spéculations* : Prévisions aléatoires.

_____

44. *purger une sentence* : Exécuter la punition imposée par le tribunal.

_____

45. *se mériter* : Gagner, remporter.

_____

46. *se rapporter* : Faire officiellement acte de présence.

_____

47. *se pratiquer* : Faire des exercices systématiques.

_____

48. *café régulier* : Café servi avec crème et sucre.

_____

49. *récipiendaire* : Personne qui reçoit un organe par greffe.

_____

50. *projet d'habitation* : Terrain loti à des fins d'habitation.

_____

CALCUL DES POINTS

Comptez 2 points par bonne réponse.

SOLUTIONS

1. agression sexuelle
2. personnel enseignant
3. installations touristiques
4. prix d'entrée
5. ordre du jour
6. rénovations
7. retouches
8. faire une demande d'emploi
9. ski nautique
10. au fond/objectivement
11. infirmière diplômée
12. avantages sociaux
13. orienté
14. bien jouer
15. prime
16. soutien-gorge
17. agrafeuse
18. réveil/réveille-matin
19. appareil-photo
20. case/boîte postale
21. fiche de présence
22. affecter
23. pièce
24. vestiaire
25. petite monnaie
26. rendre la monnaie
27. porter à son compte
28. tirage
29. funérailles municipales
30. cours pratique
31. collecte de sang
32. célébrer un anniversaire
33. prudent
34. exemplaire
35. cave
36. chambre forte
37. éboueur
38. ordures ménagères
39. carreau de linoléum
40. traiter
41. mandat
42. soutenir financièrement
43. suppositions
44. purger une peine
45. mériter ou gagner (selon le cas)
46. se présenter
47. s'entraîner
48. ordinaire (si c'est la façon la plus usuelle de servir le café)
49. receveur
50. lotissement

Si vous n'avez pas obtenu au moins 70 points,
reprenez l'exercice.

EXERCICE RÉCAPITULATIF Nº 2
LES ANGLICISMES

Il y a trois formes d'anglicismes :

1. L'emprunt intégral d'un mot anglais, p. ex. : *shift* au lieu de POSTE.

2. L'anglicisme de sens, où un mot français est utilisé dans le sens du mot anglais de forme semblable, p. ex. : l'adjectif français VERSATILE, employé dans le sens anglais de « aux talents variés ».

3. Le calque, où une expression anglaise est traduite mot à mot, sans égard au sens français de ses composants, p. ex. : « en autant que je suis concerné », traduit littéralement de l'anglais *as far as I am concerned.*

Ces emprunts sont jugés nocifs s'ils supplantent des mots et expressions existants en français et contribuent ainsi à l'appauvrissement et à l'imprécision de notre vocabulaire et nous éloignent indûment du monde francophone.

Dans l'exercice qui suit, remplacez l'anglicisme en italique par le terme français correct.

1. Ce peintre *est à son meilleur* dans les paysages. _____

2. La première ministre veut *adresser le problème* de la pension des députés. _____

3. Il faut travailler vingt *années de calendrier* pour avoir droit à une pension. _____

4. La société Melros termine son *année fiscale* avec un déficit de plus d'un demi-million. _____

5. Le président doit *appeler* une réunion incessamment. _____

6. C'est un jeune homme *bien articulé* qui raisonne bien et s'exprime avec aisance. _____

7. La présidente convoque une assemblée générale *spéciale* pour demain. _____

8. La violence des combats s'est maintenue *avec le résultat que* les blessés s'accumulent dans les services médicaux d'urgence.
_____

9. Il est *aviseur légal* auprès de la Commission. _____

10. Quand elle *a les bleus*, elle mange. _____

11. Il reste une *balance* de 30 $ à votre compte. _____

12. — Merci de cet excellent repas. — *Bienvenue.*

_____

13. Elle ne va au théâtre que si on lui donne des *billets complimentaires.* _____

14. Avec l'âge, il avait des *blancs de mémoire* de plus en plus fréquents. _____

15. Il touche *un bonus* de 10 % pour compenser l'inflation.

_____

16. Il y aura *bris de contrat* si l'une des parties refuse de payer les mensualités prévues. _____

17. La Moon Life a déménagé son *bureau-chef.*

_____

18. Il faut produire une *carte d'identification* pour encaisser un chèque. _____

19. Le ministre a *une cédule trop chargée.* _____

20. La société Télétel veut *se donner une image de bon citoyen corporatif.* _____

21. *Comme question de fait*, je le juge plus maladroit que moi.

_____

22. Dans son travail d'épuration, la société italienne *confronte* des difficultés énormes. _____

23. C'est le plus important *contracteur* en construction domiciliaire._____

24. Les impôts *corporatifs* sont trop élevés. _____

25. Il faut *couper* les dépenses pour boucler son budget.

_____

26. Il y aura d'importantes *coupures* de personnel à l'usine.

_____

27. Les *courses sous harnais* sont plus populaires que les courses montées. _____

28. Le vol à l'étalage est un *crime* puni par la loi. _____

29. Je veux 2000 $ en petites *dénominations.*

_____

30. C'est un *développeur* adroit qui a su mettre le conseil municipal de son côté. _____

31. L'enregistrement *digital* est supérieur à l'analogique. _____

32. Le premier ministre aime souligner par un *dîner d'État* les hauts faits d'un citoyen. _____

33. Comme *directeur* de cinq sociétés, il lui faut assister à cinq conseils d'administration chaque mois. _____

34. Les municipalités doivent *disposer des* ordures ménagères d'une façon écologique. _____

35. *Donnons une bonne main d'applaudissements* à cette jeune violoniste._____

36. Pourriez-vous *élaborer sur* cette question? _____

37. Sa voiture était *en bon ordre*. Comment expliquer cette panne? _____

38. Ce pompier est mort *en devoir*._____

39. L'usine est déjà *en opération*. _____

40. Mon passeport est *en ordre*. _____

41. La réunion est actuellement *en progrès*. _____

42. Il touche un *escompte* sur la marchandise avariée. _____

43. Il *est en charge* des hôpitaux au ministère de la Santé. _____

44. Je suis *satisfait que* le ministre a fait son possible. _____

45. *Je suis sous l'impression* qu'elle n'a pas fait son possible. _____

46. Au moment où l'annonceur a dit ces insanités, il ne pensait pas *être sur l'air*._____

47. Ce couteau a été déposé comme *exhibit* au procès. _____

48. Il me faudrait une *extension* pour brancher ma lampe de chevet. _____

49. La compagnie d'assurances a refusé de verser l'indemnité parce que l'assuré avait fait de *fausses représentations*._____

50. Elle *focusse* trop sur ses difficultés conjugales. _____

CALCUL DES POINTS

Comptez 2 points par bonne réponse.

SOLUTIONS

1. excelle	2. s'attaquer au
3. années civiles	4. exercice
5. convoquer	6. disert/bien structuré
7. extraordinaire	8. si bien que
9. conseiller juridique	10. a le cafard
11. un solde	12. Il n'y a pas de quoi/Je vous en prie
13. billets de faveur	14. trous de mémoire
15. une indemnité de vie chère	16. rupture de contrat
17. siège social	18. carte d'identité
19. emploi du temps trop chargé	20. affirmer sa présence sociale
21. De fait	22. fait face à
23. entrepreneur	24. des sociétés
25. comprimer/réduire	26. compressions
27. courses attelées	28. délit
29. coupures	30. lotisseur
31. numérique	32. banquet officiel
33. administrateur	34. se débarrasser de/éliminer
35. Applaudissons chaleureusement	36. en dire davantage sur
37. en bon état	38. en service (commandé)
39. en exploitation	40. en règle
41. en cours	42. rabais
43. est responsable	44. certain que/persuadé que
45. J'ai l'impression	46. passer à l'antenne
47. pièce à conviction	48. rallonge
49. fausses déclarations	50. se centre

Si vous n'avez pas obtenu au moins 70 points,
reprenez l'exercice.

EXERCICE RÉCAPITULATIF Nº 3
LES ANGLICISMES (SUITE)

Remplacez l'anglicisme en italique par le terme ou l'expression corrects.

1. Le général a eu d'imposantes *funérailles d'État*. _____

2. Le *gaz* à 72 ¢ le litre représente un poste de dépense important de la voiture. _____

3. Le village *global* de McLuhan a connu beaucoup de vogue. _____

4. La *globalisation* des marchés devrait nous inciter à avoir une langue de communication internationale. _____

5. Le recteur de l'université a présidé la *graduation*. _____

6. Les automobilistes détestent les chemins de *gravelle*. _____

7. Les *heures d'affaires* trop longues ne favorisent pas toujours les marchands. _____

8. Les *puits d'huile* ont été le véritable enjeu de la guerre du Golfe. _____

9. Les pompiers ont combattu les flammes pendant trois heures avant que l'incendie *soit sous contrôle*. _____

10. Pour *initier* des pourparlers de paix entre belligérants, il faut beaucoup de diplomatie. _____

11. Tous les *items* de la commande seront livrés lundi. _____

12. Après quinze ans de lutte politique, le député *jette la serviette*. _____

13. Il lui fallait une *lampe à extension* pour travailler dans la cave. _____

14. La *levée de fonds* n'a pas donné les résultats attendus. _____

15. La vogue des *lignes ouvertes* marque-t-elle le triomphe de la démocratie ou de la bêtise? _____

16. Solange veut *loger un grief* contre son employeur en alléguant la discrimination fondée sur le sexe. _____

17. *La manufacture* GM de Sainte-Thérèse doit temporairement fermer ses portes. _____

18. Il fallait augmenter *le membership* pour donner plus d'influence au mouvement. _____

19. Il a été condamné pour *mépris de cour* parce qu'il a refusé de témoigner. _____

20. Chaque matin, il *met* ses dossiers *à date*. _____

21. Le programme social du parti *met l'emphase sur* la famille.

_____

22. On fait appel à lui pour diriger les débats, car c'est un excellent *modérateur.*_____

23. Il en est à sa troisième *offense*. _____

24. Elle voulait être *opératrice* de semi-remorque. _____

25. Cette année *les opérations* de la société se soldent par un déficit. _____

26. La région a été frappée par de violents *orages électriques*.

_____

27. Pour produire l'effet voulu, les *pamphlets* publicitaires doivent être rédigés avec soin. _____

28. Elle fait partie *du panel* qui discute du statut de la femme.

_____

29. Chaque mois, elle achète sa *passe* de métro._____

30. Il a *une passe* pour le cinéma de son quartier. _____

31. Les comptes *passés dûs* devront être recouvrés d'ici trente jours.

_____

32. Il *a passé des remarques* désobligeantes à son endroit.

_____

33. Quand le *patronage* sortira-t-il de nos mœurs politiques?

   _____

34. Le ministère de la Voirie fait refaire le *pavage* des
   autoroutes._____

35. Le ras-le-bol des *payeurs de taxes.* _____

36. Il participe aux compétitions de *piste et pelouse.*

   _____

37. Elle *a soulevé un point d'ordre* lorsque j'ai voulu intervenir.

   _____

38. Je suis *positif* qu'il viendra. _____

39. Mes bontés, il les *prend pour acquises.*_____

40. Elle est fatiguée de se faire *prendre pour acquise* à la maison.

   _____

41. Ces cours sont des *prérequis* pour être admis à la maîtrise.

   _____

42. Les *préservatifs* altèrent souvent la qualité des aliments sous
   prétexte de les conserver._____

43. La salle était *remplie à capacité.* _____

44. Il travaille *sur les shifts.* _____

45. Les *sous-contracteurs* se sont ligués contre l'entrepreneur
   principal. _____

46. Soyez donc plus *spécifique* dans vos accusations.

   _____

47. Prix *sujets à changement sans préavis.*

   _____

48. Le juge a rendu sa décision *sur le banc.*

   _____

49. Il s'achète *un système de son* haut de gamme.

   _____

50. Elle ne sort jamais sans son *walkman.* _____

CALCUL DES POINTS
Comptez 2 points par bonne réponse.

SOLUTIONS

1. funérailles nationales	2. essence
3. mondial	4. mondialisation
5. collation des grades	6. gravier
7. heures d'ouverture	8. puits de pétrole
9. soit maîtrisé	10. lancer/amorcer
11. articles	12. jette l'éponge
13. baladeuse	14. campagne de souscription
15. tribunes téléphoniques	16. déposer un grief/faire une réclamation
17. L'usine	18. les effectifs
19. outrage au tribunal	20. met à jour
21. met l'accent sur	22. animateur
23. infraction	24. conductrice
25. l'exploitation se solde	26. orages
27. dépliants/prospectus	28. de la tribune
29. carte (d'abonnement)	30. un laissez-passer
31. échus/en souffrance	32. a fait des remarques
33. favoritisme	34. revêtement
35. contribuables	36. athlétisme
37. a fait appel au règlement	38. certain
39. tient pour acquises	40. se faire traiter sans égards
41. préalables	42. agents de conservation
43. comble	44. par postes (il fait du travail posté)
45. sous-traitants/sous-entrepreneurs	46. précis
47. sous réserve de modifications	48. séance tenante
49. une chaîne stéréo	50. baladeur

Si vous n'avez pas obtenu au moins 70 points,
reprenez l'exercice.

EXERCICE RÉCAPITULATIF N° 4
LES ERREURS DE SYNTAXE

La syntaxe régit l'agencement des mots entre eux, donc l'articulation du discours et de la pensée. Aussi, d'une façon générale, considère-t-on que les fautes de syntaxe sont les plus graves parce qu'elles influent sur la pensée d'une façon plus directe que les erreurs de vocabulaire.

Sans qu'il soit nécessaire d'établir une hiérarchie des fautes, il reste que certaines erreurs de syntaxe attestent bien les agressions que l'omniprésence de la langue anglaise inflige au français d'ici. Le plus souvent, elles ont pour effet d'alourdir le discours, de compliquer les énoncés et d'enlever de l'élan et du naturel à nos textes.

Le présent exercice a pour objet de repasser nos principales erreurs de syntaxe afin de nous rendre capables de les éviter lucidement et de pallier leurs inconvénients. Ces erreurs portent principalement sur l'emploi des prépositions et des conjonctions, mais aussi sur l'ordre des mots selon leur fonction.

Corrigez les phrases qui suivent en rétablissant par une bonne syntaxe leur caractère idiomatique.

1. À date, il n'a pas donné signe de vie.

2. À chaque lundi, je lui rends visite.

3. La nouvelle à l'effet qu'il était malade l'a bouleversé.

4. Il est à son meilleur lorsqu'il est pressé par les événements.

5. À tous les lundis, elle fait ses comptes.

6. Les travailleurs à pourboires sont assujettis à l'impôt.

7. Il adressera l'auditoire en fin de soirée.

8. Il adressera la parole en fin de soirée.

9. Trois personnes ont été tuées alors que leur voiture a percuté un arbre.

10. Elle s'est suicidée après que son ami se soit enfui.

11. Elle l'a assigné à la perception des cotisations.

12. Au plan des principes, elle a raison.

13. J'ai subi vos humiliations avec le résultat que j'ai perdu toute confiance en moi-même.

14. Je ne le laisserai pas avoir le meilleur sur moi aux échecs.

15. Chaque trois mois, je dresse un bilan.

16. Elle est fatiguée de toujours confronter les mêmes difficultés.

17. Elle débute toujours ses journées de la même façon.

18. L'entreprise défraie les dépenses de ses vendeurs.

19. Dépendamment de ses humeurs, on peut s'attendre à être bien ou mal reçu.

20. L'usine ferme les derniers trois jours du mois.

21. C'est sa deuxième défaite en autant de matchs.

22. En autant que je sache, il n'est pas compétent pour faire ce travail.

23. En autant que je suis concerné, il ne devrait pas avoir ce poste.

24. En campagne, la vie est plus saine, la nature est propre.

25. Faites-moi rapport en dedans de dix jours.

26. Il a été arrêté en rapport avec le meurtre de la rue Morgue.

27. Il est arrivé en temps pour prendre son train.

28. La rondelle est en possession de Lemieux.

29. Je suis satisfait que cette décision était la meilleure.

30. Je suis sous l'impression que je ne pourrai jamais m'en sortir.

31. Il a insisté qu'il ne fallait pas agir de la sorte.

32. Il se lamente à l'année longue.

33. Depuis votre départ, je vous manque beaucoup.

34. Elle a marié en secondes noces Jérémie Foucher.

35. Il est toujours sur ses gardes, mais même à cela il s'est fait rouler par ce beau parleur.

36. Moi pour un, je ne lui donnerais pas un sou.

37. Sa situation est moins pire qu'elle ne l'était l'an dernier.

38. Il sera exécuté vendredi le 16 mars.

39. New York est la troisième plus grande ville du monde.

40. Il veut partir un commerce de peaux de vache.

41. — Comment allez-vous? — Ça va pas pire.

42. La situation est plus pire que l'an dernier.

43. Au cours des premiers six mois, vous serez stagiaire.

44. Au cours des prochains trois mois, il sera affecté à Ottawa.

45. Ses démarches ont résulté en un lamentable échec.

46. Il s'objecte à la présence d'un Noir à la table de négociation.

47. Je soumets que le ministre fait erreur.

48. La banque augmente le taux d'escompte d'un demi de un pour cent.

49. Avant de monter sur l'avion, l'actrice a fait à la foule son plus beau sourire.

50. Il est sur ce comité depuis trois ans.

CALCUL DES POINTS

Comptez 2 points par bonne réponse.

SOLUTIONS

1. L'absence de déterminant devant DATE n'est pas normale. Remplacez « à date » par À CE JOUR, JUSQU'ICI, JUSQU'À MAINTENANT.

2. Le tour avec la préposition À est vieilli. Supprimer celle-ci : Chaque lundi…

3. « À l'effet que » n'est pas une locution conjonctive orthodoxe. Reconstruire la phrase : La nouvelle qu'il était malade/La nouvelle de sa maladie…

4. « À son meilleur » est un tour syntaxique étranger au français. Rendre la même idée autrement : Il donne toute sa mesure lorsqu'il…

5. Le tour avec À est vieilli. Dire plutôt : Tous les lundis…

6. Il faut l'article devant POURBOIRE : TRAVAILLEUR AU POURBOIRE.

7. Il faut ici le verbe pronominal avec complément introduit par À : Il s'adressera à l'auditoire… Ou encore, il faut donner un complément d'objet à la locution verbale : Il adressera la parole à l'auditoire.

8. La locution verbale ADRESSER LA PAROLE exige un complément d'objet indirect : Il vous adressera la parole…

9. L'emploi d'ALORS QUE comme locution conjonctive temporelle est vieilli. À remplacer par LORSQUE.

10. APRÈS QUE se construit avec l'indicatif, non le subjonctif : … après que son ami s'est enfui.

11. Attention à la construction des verbes AFFECTER et ASSIGNER. On affecte quelqu'un à quelque chose et on assigne une tâche à quelqu'un : Elle l'a affecté à la perception…

12. Le bon usage recommande SUR LE PLAN DE plutôt que « au plan de » : Sur le plan des principes…

13. « Avec le résultat que » impose une structure de phrase peu compatible avec la syntaxe française. Il faut reformuler : « J'ai tant subi d'humiliations de votre part que j'en ai perdu toute confiance en moi-même. » Ou encore : « À force de subir des humiliations de votre part, j'en ai perdu toute confiance en moi-même. »

14. Il faut remplacer ici « avoir le meilleur sur » par un tour français correspondant tel que L'EMPORTER SUR, VAINCRE, TRIOMPHER DE, etc. : Je ne le laisserai pas me vaincre aux échecs.

15. CHAQUE ne peut se construire avec un pluriel. On le remplace alors par l'adjectif indéfini TOUS : Tous les trois mois…

16. CONFRONTER, verbe transitif, signifie comparer. Il faut le remplacer ici par FAIRE FACE À, SE HEURTER À : Elle est fatiguée de toujours se heurter aux mêmes difficultés.

17. DÉBUTER est intransitif; il ne peut recevoir un complément d'objet direct. On peut le remplacer par COMMENCER : Elle commence toujours ses journées…

18. DÉFRAYER doit avoir un nom de personne comme complément d'objet direct et signifie payer les dépenses de : L'entreprise défraie ses vendeurs.

19. DÉPENDAMMENT, DÉPENDANT ne peuvent être employés comme prépositions. Il faut les remplacer par SELON : Selon ses humeurs…

20. L'ordre syntaxique français est le suivant : article, numéral, qualificatif, substantif. Il faut donc écrire : L'usine ferme les trois derniers jours du mois.

21. On ne peut en bonne syntaxe remplacer un numéral ordinal par un numéral cardinal. On écrira correctement : C'est sa deuxième (numéral ordinal) défaite en deux (numéral cardinal) matchs.

22. « En autant que » n'est pas une locution conjonctive reçue en français. On la remplace par AUTANT QUE, POUR AUTANT QUE : Autant que je sache…

23. « En autant que je suis concerné » est un calque syntaxique dépourvu de sens en français. On le remplace par QUANT À MOI, POUR MA PART : Pour ma part, il ne devrait pas…

24. EN CAMPAGNE appartient au vocabulaire militaire. Pour indiquer un lieu hors de la ville, il faut utiliser l'expression À LA CAMPAGNE : À la campagne, la vie est…

25. « En dedans de » n'est pas une expression reçue en français. Dans l'exemple qui nous occupe, DANS LES constitue une solution de rechange concise et élégante : Faites-moi rapport dans les dix jours. Dans la langue administrative, on trouve aussi SOUS : Faites-moi rapport sous dix jours.

26. EN RAPPORT AVEC signifie qui convient à, et non qui concerne. Il faut dans ce dernier sens remplacer ce tour par RELATIVEMENT À, À PROPOS, CONCERNANT : Il a été arrêté relativement au meurtre…

27. On dit correctement EN TEMPS ET LIEU, mais pour indiquer qu'un événement s'est produit juste assez tôt, il faut employer À TEMPS : Il est arrivé à temps…

28. ÊTRE EN POSSESSION DE ne peut se dire que d'une personne; une chose ne peut être en possession de quelqu'un : Lemieux est en possession de la rondelle.

29. SATISFAIRE ne peut se construire avec une complétive directe comme un verbe d'opinion. Dans l'exemple de référence, c'est un calque syntaxique et sémantique de l'anglais. On corrigera en remplaçant SATISFAIRE par AVOIR LA CONVICTION, ÊTRE PERSUADÉ : J'ai la conviction que…

30. On dit plus couramment et plus élégamment AVOIR L'IMPRESSION : J'ai l'impression que…

31. INSISTER ne peut se construire avec la complétive directe. Les constructions suivantes sont possibles : Il a insisté pour qu'on n'agisse pas… Il a bien marqué qu'il ne fallait pas agir…

32. « À l'année longue » est un tour syntaxique tiré de l'anglais à remplacer par le tour idiomatique À LONGUEUR D'ANNÉE.

33. Le verbe MANQUER au sens de faire défaut émotivement demande comme sujet la personne qui fait défaut et comme complément d'objet indirect la personne qui éprouve les conséquences émotives du manque : Depuis votre départ, vous me manquez beaucoup.

34. MARIER avec un complément d'objet direct signifie donner en mariage. Un père marie sa fille. Au sens de prendre pour conjoint, ce verbe se conjugue à la forme pronominale et introduit son complément par À ou AVEC : Elle s'est mariée en secondes noces à/avec Jérémie. Le verbe ÉPOUSER se construit transitivement : Elle a épousé Jérémie.

35. « Même à ça » ne semble pas reçu en français. On lui substituera MÊME ALORS.

36. « Moi pour un » est un calque syntaxique de l'anglais. Il faut lui substituer QUANT À MOI, POUR MA PART.

37. PIRE étant un comparatif, on ne peut le modifier par PLUS ou MOINS. Si l'on veut employer ces adverbes, il faut utiliser l'adjectif au positif MAUVAIS : La situation est moins mauvaise…

38. L'ordre syntaxique français est le suivant : article, jour de la semaine et date : … le vendredi 16 mars.

39. Le numéral ordinal suivi d'un comparatif n'apparaît pas de la meilleure syntaxe. On évitera les tours ainsi construits. Lorsque le contexte est clair, le numéral suffit : New York est la troisième ville du monde. S'il faut préciser le critère de classement, on l'introduira par POUR : New York est la troisième ville du monde pour la population.

40. PARTIR est intransitif et ne peut recevoir un complément d'objet direct. Le remplacer par LANCER : Il veut lancer un commerce.

41. Ce tour populaire pèche contre la grammaire en employant un comparatif pour un positif. Il faut remplacer PIRE par MAL : Ça (ne) va pas mal.

42. On ne peut modifier un comparatif par PLUS ou MOINS : Sa situation est pire que…

43. L'ordre syntaxique français est le suivant : numéral + premier + nom : Au cours des six premiers mois…

44. L'ordre syntaxique français est le suivant : numéral + prochain + nom : Au cours des trois prochains mois…

45. « Résulter en » est une construction fautive. On la remplace par ABOUTIR, ENTRAÎNER : Ses démarches ont abouti à un lamentable échec.

46. OBJECTER ne s'emploie pas à la forme pronominale pour signifier s'opposer, s'inscrire en faux contre. Corrigeons : Il s'oppose à la présence d'un Noir…

47. « Soumettre que » est un anglicisme de syntaxe et de sens. Il faut le remplacer dans cet usage par SOUTENIR QUE : Je soutiens que la ministre…

48. Le pourcentage fractionnaire en français ne fait pas référence explicite à l'unité. Il faut dire UN DEMI POUR CENT et non « un demi de un pour cent ».

49. Mauvais emploi de la préposition SUR. Ici c'est DANS qui convient : Avant de monter dans l'avion…

50. Mauvais emploi de la préposition SUR. Avec le verbe SIÉGER, il faut employer la préposition À : Il siège à ce comité… On peut rendre la même idée par la locution verbale FAIRE PARTIE : Il fait partie de ce comité…

Si vous n'avez pas obtenu au moins 70 points,
reprenez l'exercice.

LEXIQUE DES MOTS ANGLAIS*

Accommodation
Hébergement
Voir ACCOMMODATION

Address (to)
S'adresser à; s'attaquer à;
prendre la parole
Voir ADRESSER L'AUDITOIRE/LA
PAROLE/UN PROBLÈME

Admission
Entrée
Voir ADMISSION

Advisor
Conseiller
Voir AVISEUR

Agenda
Ordre du jour
Voir AGENDA

Aggressive
Dynamique; énergique;
entreprenant
Voir AGRESSIF

Alteration
Réfection; rénovation
Voir ALTÉRATION

Alterations
Retouches
Voir ALTÉRATIONS

Alternative
Choix; possibilité; solution de
rechange
Voir ALTERNATIVE

Application
Demande d'emploi
Voir APPLICATION

Articulate
Disert; structuré
Voir ARTICULÉ

As a matter of fact
De fait; en réalité; à vrai dire
Voir COMME QUESTION DE FAIT

As far as I am concerned
En ce qui me concerne; quant à
moi; pour ma part
Voir EN AUTANT QUE JE SUIS
CONCERNÉ

Ask a question (to)
Poser une question
Voir DEMANDER UNE QUESTION

Assault
Agression
Voir ASSAUT

At one's best
À son point de perfection; à
son apogée;
au sommet de sa forme; en
grande forme
Voir À SON MEILLEUR, ÊTRE À
SON MEILLEUR

Bankrupcy
Faillite; banqueroute
Voir BANQUEROUTE

Be due to (to)
Être grand temps
(impersonnel)
Voir ÊTRE DÛ POUR

Be in charge (to)
Être responsable de; être
chargé de
Voir ÊTRE EN CHARGE DE

* Le mot français qui suit le mot anglais est l'équivalent correct. Le renvoi nous
réfère à la rubrique où le mot anglais est traité.

Be located (to)
Être situé
Voir ÊTRE LOCALISÉ

Be on air (to)
Passer à l'antenne
Voir ÊTRE SUR L'AIR

Be positive (to)
Être certain; être sûr; être
assuré
Voir POSITIF

Be satisfied that (to)
Être persuadé que; être
convaincu que
Voir ÊTRE SATISFAIT QUE

Be under a doctor's care (to)
Se faire traiter par un médecin
Voir ÊTRE SOUS LES SOINS DE

Be under observation (to)
Être en observation
Voir ÊTRE SOUS OBSERVATION

Be under the impression (to)
Avoir l'impression
Voir ÊTRE SOUS L'IMPRESSION

Be under treatment (to)
Être en traitement
Voir ÊTRE SOUS TRAITEMENT

Bench
Magistrature (dans certains
contextes)
Voir MONTER SUR LE BANC

Blood donor clinic
Collecte de sang
Voir CLINIQUE DE SANG

Bonus
Prime; indemnité
Voir BONI, BONUS

Bonus point
Point de bonification
Voir BONUS

Breach of contract
Rupture de contrat
Voir BRIS DE CONTRAT

Business hours
Heures d'ouverture
Voir HEURES D'AFFAIRES

Calendar month
Mois civil
Voir MOIS DE CALENDRIER

Calendar week
Semaine civile
Voir SEMAINE DE CALENDRIER

Calendar year
Année civile
Voir ANNÉE DE CALENDRIER

Call a meeting (to)
Convoquer une réunion
Voir APPELER UNE RÉUNION

Cancel (to)
Annuler; contremander;
supprimer; oblitérer
Voir CANCELLER

Change
Monnaie
Voir CHANGE

Charge (to)
Demander; prendre;
imputer à; porter à; débiter
Voir CHARGER

Circulation
Tirage
Voir CIRCULATION

Civic
Municipal
Voir CIVIQUE

Civic number
Numéro (adresse)
Voir NUMÉRO CIVIQUE

Clerical
1) Relatif au clergé; 2) Relatif au travail d'écriture
Voir ERREUR CLÉRICALE

Clerk
Commis
Voir ERREUR CLÉRICALE

Clinic
Atelier; cours pratique
Voir CLINIQUE

Collect (to)
Recouvrer
Voir COLLECTER DES COMPTES

Complimentary
En hommage; gratuit
Voir EXEMPLAIRE COMPLIMENTAIRE

Complimentary ticket
Billet de faveur
Voir BILLET COMPLIMENTAIRE

Conservative
Prudent; modéré
Voir CONSERVATEUR

Contempt of court
Outrage au tribunal
Voir MÉPRIS DE COUR

Contractor
Entrepreneur
Voir CONTRACTEUR

Corporate citizen
Présence sociale d'une entreprise
Voir CITOYEN CORPORATIF

Corporation
Société commerciale
Voir CORPORATIF

Crime
Crime; délit
Voir CRIME

Cut
Compression (de budget/de personnel)
Voir COUPURE DE BUDGET/DE PERSONNEL

Cut (to)
Comprimer (les dépenses)
Voir COUPER LES DÉPENSES

Denomination
1) Confession; 2) Coupure (billets de banque)
Voir DÉNOMINATION

Developer
Lotisseur
Voir DÉVELOPPEUR

Digital
Numérique
Voir DIGITAL

Director
Administrateur (conseil d'administration)
Voir DIRECTEUR

Discount
Rabais
Voir ESCOMPTE

Disgrace
Déshonneur; horreur
Voir DISGRÂCE

Disgraceful
Honteux; ignominieux;
déshonorant
Voir DISGRACIEUX

Disposal
Élimination
Voir DISPOSITION DES ORDURES

Dispose of (to)
Se débarrasser de
Voir DISPOSER DE

Do well (to)
Se distinguer; donner un bon
rendement
Voir BIEN FAIRE

Electrical power
Énergie électrique
Voir POUVOIR ÉLECTRIQUE

Electrical storm
Orage
Voir ORAGE ÉLECTRIQUE

Equity
Fonds propres; situation nette
Voir ÉQUITÉ

Even at that
Même alors; même dans ce cas
Voir MÊME À CELA

Executive
Bureau
Voir EXÉCUTIF

Exhibit
1) Pièce à conviction; 2) Pièce
d'exposition
Voir EXHIBIT

Extension cord
Fil de rallonge; rallonge
Voir EXTENSION

Extension lamp
Baladeuse
Voir LAMPE À EXTENSION

False pretenses
Déclarations mensongères;
allégations mensongères
Voir FAUSSES REPRÉSENTATIONS

Fight to the finish
Lutte implacable
Voir LUTTE À FINIR

Filing cabinet
Classeur
Voir FILIÈRE

Film editor
Monteur de film
Voir ÉDITEUR DE FILM

Final sale
Vente ferme
Voir VENTE FINALE

Fiscal year
Exercice
Voir ANNÉE FISCALE

Focus (to)
Se concentrer sur; mettre
l'accent sur
Voir FOCUSSER

For all practical purposes
En pratique; en réalité
Voir À TOUTES FINS PRATIQUES

For as little as
Pour seulement
Voir POUR AUSSI PEU QUE

From the bench
Séance tenante
Voir SUR LE BANC

Fund raising campaign
Campagne de souscription
Voir LEVÉE DE FONDS

Garage sale
Vente-débarras
Voir VENTE DE GARAGE

Gas
Essence
Voir GAZ

Get the better of (to)
L'emporter sur; triompher de
Voir AVOIR LE MEILLEUR SUR

Give someone a good hand (to)
Applaudir chaleureusement
Voir DONNER UNE BONNE MAIN
(D'APPLAUDISSEMENTS)

Goodwill
Survaleur
Voir ACHALANDAGE

Graduation
Collation des grades; fin des
études secondaires
Voir GRADUATION

Graduation ball
Bal de fin d'études
Voir BAL DE GRADUATION

Gravel
Gravier
Voir GRAVELLE

Gross indecency
Outrage à la pudeur; agression
sexuelle
Voir GROSSIÈRE INDÉCENCE

Hand
Applaudissements
Voir MAIN D'APPLAUDISSEMENTS

Harness racing
Course attelée
Voir COURSE SOUS HARNAIS

Have got the blues (to)
Avoir le cafard; broyer du noir
Voir AVOIR LES BLEUS

Head office
Siège social
Voir BUREAU-CHEF

Headquarters
Quartier général
Voir QUARTIERS GÉNÉRAUX

I for one
Pour ma part; quant à moi
Voir MOI POUR UN

Identification card
Carte d'identité
Voir CARTE D'IDENTIFICATION

In force
En vigueur
Voir EN FORCE

In good (working) order
En état de marche
Voir EN BON ORDRE

In order
En règle
Voir EN ORDRE

Issue (to)
Délivrer (un permis); émettre
(un chèque)
Voir ÉMETTRE UN PERMIS,
ÉMETTRE UNE CIRCULAIRE/UNE
DIRECTIVE

Legal advisor
Conseiller juridique
Voir AVISEUR LÉGAL

Local
Poste (téléphone)
Voir LOCAL

Local improvements
Travaux de voirie
Voir AMÉLIORATIONS LOCALES

Location
Endroit; lieu; emplacement
Voir LOCATION

Lodge a call (to)
Demander la communication
Voir LOGER UN APPEL
TÉLÉPHONIQUE

Lodge a complaint (to)
Déposer une plainte; porter
plainte
Voir LOGER UNE PLAINTE

Lodge a grievance (to)
Déposer un grief; faire une
réclamation
Voir LOGER UN GRIEF

Lodge an appeal (to)
Interjeter appel; faire appel; en
appeler de
Voir LOGER UN APPEL

Manufacturer
Fabricant; constructeur
Voir MANUFACTURIER

Material
Tissu; étoffe
Voir MATÉRIEL

Membership
Effectif
Voir MEMBERSHIP

Miss somebody (to)
Manquer à quelqu'un
Voir MANQUER QUELQU'UN

Moderator
Animateur
Voir MODÉRATEUR

No admission
Entrée interdite
Voir ADMISSION

Offense
Délit
Voir OFFENSE

Oil
Pétrole
Voir HUILE

On duty
De service; de garde; en
service commandé
Voir EN DEVOIR

Open line
Tribune téléphonique
Voir LIGNE OUVERTE

Opening
Débouché
Voir OUVERTURE

Operate (to)
Exploiter; faire fonctionner;
conduire
Voir OPÉRER

Out of court
À l'amiable; extrajudiciaire
Voir HORS COURS

Out of order
En dérangement; défectueux
Voir HORS D'ORDRE (2)

Overtime
Heures supplémentaires
Voir TEMPS SUPPLÉMENTAIRE

Pamphlet
Dépliant; cahier; prospectus
Voir PAMPHLET

Panel
Tribune
Voir PAMPHLET

Pass
1) Carte d'abonnement;
2) Laissez-passer
Voir PASSE

Past due
Échu; en souffrance
Voir PASSÉ DÛ

Patronage
Favoritisme; népotisme
Voir PATRONAGE

Paved road
Route revêtue
Voir PAVER UNE ROUTE

Point of order
Appel au règlement
Voir POINT D'ORDRE

Practice
Séance d'entraînement;
exercice
Voir PRATIQUE

Practice (to)
S'entraîner; répéter; étudier
Voir PRATIQUE

Prerequisite
Préalable (nom masculin)
Voir PRÉREQUIS

Preservative
Agent de conservation
Voir PRÉSERVATIF

Public address system
Sonorisation
Voir SYSTÈME DE SON

Put the emphasis on (to)
Mettre l'accent sur
Voir METTRE L'EMPHASE SUR

Question (to)
Mettre en doute
Voir QUESTIONNER

Rehearsal
Répétition
Voir PRATIQUE

Relocate (to)
Reloger
Voir RELOCALISER

Report (to)
Signaler; déclarer
Voir RAPPORTER

Report oneself (to)
Se présenter
Voir SE RAPPORTER

Report progress (to)
Faire le point
Voir RAPPORTER PROGRÈS

Result in (to)
Produire; aboutir à; se solder
par (péjoratif)
Voir RÉSULTER EN

Reverse a judgment (to)
Invalider, annuler un jugement
Voir RENVERSER UN JUGEMENT/
UNE DÉCISION

Room
Pièce; bureau; local
Voir CHAMBRE

Royalties
Redevances; droits d'auteur
Voir ROYAUTÉS

Save (to)
Économiser; gagner
Voir SAUVER

Schedule
Horaire; calendrier; emploi du temps
Voir CÉDULE

Serve a sentence (to)
Purger une peine
Voir SERVIR UNE SENTENCE

Serve a warning (to)
Donner un avertissement
Voir SERVIR UN AVERTISSEMENT

Sexual abuse
Agression sexuelle
Voir ABUS SEXUEL

Shift
Poste; tour d'équipe
Voir SHIFT

Shift work
Travail posté
Voir TRAVAILLER SUR LES SHIFTS

Sidewalk sale
Braderie
Voir VENTE (DE) TROTTOIR

Sit on (to)
Siéger à
Voir SIÉGER SUR

Sound system
Chaîne stéréophonique
Voir SYSTÈME DE SON

Special
Extraordinaire
Voir ASSEMBLÉE GÉNÉRALE SPÉCIALE

Specific
Précis; explicite
Voir SPÉCIFIQUE

State dinner
Grand banquet; dîner officiel; dîner de gala
Voir DÎNER D'ÉTAT

Subcontractor
Sous-traitant; sous-entrepreneur
Voir SOUS-CONTRACTEUR

Subject to change
Sous réserve de modifications
Voir SUJET À CHANGEMENT

Submit that (to)
Soutenir que; alléguer que
Voir SOUMETTRE QUE

Support (to)
Appuyer; aider
Voir SUPPORTER

Suspended sentence
Condamnation avec sursis
Voir SENTENCE SUSPENDUE

Take a walk (to)
Marcher; faire une promenade (à pied)
Voir PRENDRE UNE MARCHE

Take chances (to)
Prendre des risques; courir des risques
Voir PRENDRE DES CHANCES

Take for granted (to)
Tenir pour acquis
Voir PRENDRE POUR ACQUIS (1)

Take someone for granted (to)
Traiter sans égards
Voir PRENDRE POUR ACQUIS (2)

Taxpayer
Contribuable
Voir PAYEUR DE TAXES

Terms of reference
Mandat
Voir TERMES DE RÉFÉRENCE

Theme
Indicatif
Voir THÈME

Throw in the towel (to)
Jeter l'éponge
Voir JETER LA SERVIETTE

Ticket
Contravention
Voir BILLET

Time card
Fiche de présence
Voir CARTE DE TEMPS

To the effect that
Que
Voir À L'EFFET QUE

Track and field
Athlétisme
Voir PISTE ET PELOUSE

Trouble
Ennui; souci; difficulté
Voir TROUBLE

Under control
Maîtrisé; revenu à la normale
Voir SOUS CONTRÔLE

Update (to)
Mettre à jour; tenir au courant;
tenir à jour
Voir METTRE À DATE

Vault
1) Chambre forte; 2) Cave
Voir VOÛTE

Versatile
Universel; polyvalent
Voir VERSATILE

Walkman
Baladeur
Voir WALKMAN

Waste disposal
Gestion des ordures;
élimination des ordures
Voir DISPOSITION DES ORDURES

Welfare
Sécurité sociale; aide sociale
Voir BIEN-ÊTRE

With the result that
De sorte que; si bien que
Voir AVEC LE RÉSULTAT QUE

Without prejudice
Sous toutes réserves
Voir SANS PRÉJUDICE